達摩

禪的生活智慧

達摩

禪的生活智慧

達摩

禪的生活智慧

台灣國寶級大師
曾仕強／著

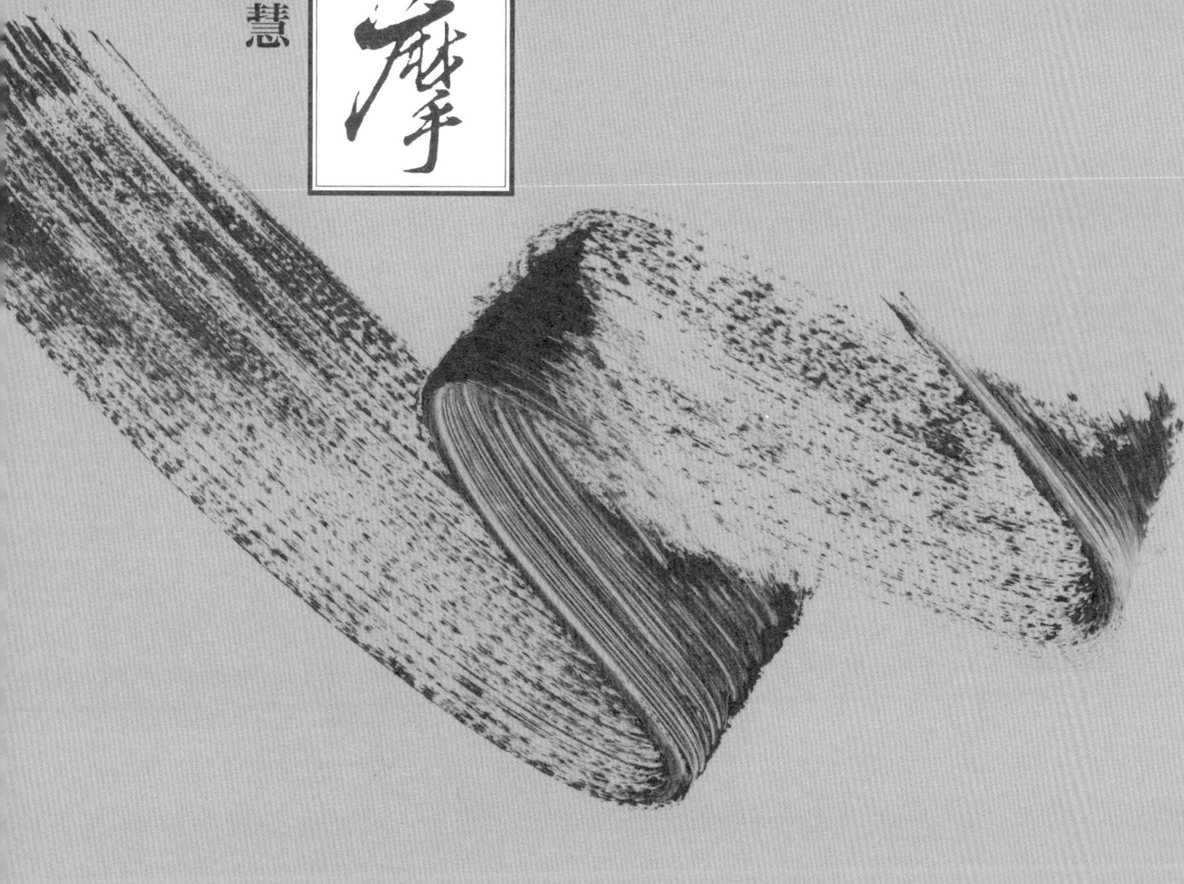

達摩——禪的生活智慧

作者序

小小心意

人生在世，免不了要求生存，稱為求生。然而，若是一輩子都在求生，未免太辛苦，也太沒有價值，於是保生的欲念普受重視。求生、保生，還需要樂生，才能完成「哭著來笑著回去」的願望。

儒家教我們求生，道家使我們得以保生，而禪宗的真正功能，則在樂生。儒道釋融合而成的中華文化，則是源自於《易經》。倘若能夠固本培元，從《易經》的觀點，來瞭解、體驗儒、道、釋三家的要旨，應該可以圓融無礙，達到一以貫之的理想。

中華民族敬天信神，與西方人大不相同。西方人敬上帝，目的在通過最後審判，能夠進入天堂。我們祭祀天神，則是出於敬愛，目的在報效恩德。「求福避禍」是後人因為世事多變，感覺自己力量薄弱，才產生出來的一種偏差心態。人的可貴，在於具有自主性和創造力，倘若凡事但求趨吉避凶，如此一來，和投機取巧又有什麼不同？我們隨機應變，目的在求得好死。慎始善終，必須自力更生，天神只能祐助，無法代勞。

孔子倡導「盡人事以聽天命」，便是鼓勵大家發揮自主性和創造力。提醒我們：「未能事人，焉能事鬼？」用意在於先以民意為準，再來審視是否合乎神

意？知所先後，把順序理好，才是正道。

老子重視貴身，人身難得，要好好養生保健，不要為了功名利祿，而犧牲自己寶貴的身體。儒道合一，才能夠真正做到盡人事（儒）以聽天命（道）。

人之初生，其性本善；人之將死，其言也善。由此可見，人的初始與終了，都是善的，為什麼中間這一段，卻經常為非作歹呢？

《易經》告訴我們：人有妄念，才會招來無妄之災。不斷提醒大家：得意容易忘形，仗勢便會凌人，而高亢必然有悔。天道忌滿，人道忌全。最好減少妄念，存真守正。

佛家傳入中土，深知中華民族以道德為最高信仰，歷來只有利害衝突，並沒有信仰的不同。因此避談政治而致力於去妄。禪宗二祖慧可，熟讀儒道經典，心獨不安，專程請教達摩祖師，獲得當下自在的智慧。我們從慧可祖師融合儒、道、釋三家的生活智慧，符合「無三不成禮」的易數，應該可以進入樂生的層次，成為易道的實踐者。

這次藉由《達摩》一書，嘗試和大家分享禪宗的生活智慧，實際上，也就是《易經》的生活智慧。期盼能在變動快速的現代，幫助讀者找到一帖身心安頓的良方。此外，中國北京書畫院院長、著名書法家張惠臣先生，特別為本書提筆揮毫，撰寫《達摩祖師大乘入道四行觀》全文以饗讀者，在此一併致上十二萬分謝意！

尚祈各界先進不吝賜教為幸。

曾仕強 謹識於台灣師範大學

編者序——

生活的智慧，禪悅的歡喜

傳說中，釋迦牟尼佛祖曾在靈鷲山對徒眾說法。佛祖並不開口，只是手拈一朵金婆羅花。當下眾弟子皆不解其意，唯有摩訶迦葉尊者會心微笑，這是因為他參透了佛祖微笑中所透露的真意，所以才能以心印心、當下了悟。後來經由菩提達摩祖師爺由印度引入中國，再經由二祖慧可融合儒、道、釋三家的生活智慧予以發揚光大，於是中華禪宗這一派，就這麼開枝散葉地流傳下來了。

即使經歷了兩千多年的歲月，中華兒女對於「禪」這個字也並不陌生。我們經常會把：禪心、禪味、坐禪、生活禪、口頭禪等話語掛在嘴邊，可見「禪」，早就已經進入到你我的生活之中，融合為中華文化密不可分的一部分了。

事實上，中華文化對於一個成年人，是有一些基本要求的。每個民族，都會有幾本人人必讀、家家必備的書。如果沒有讀、沒有懂這些書，就無法融入到這個文化圈之中，也無法形塑出身為中華兒女的獨特性格。

其中，《易經》無疑是最重要的一本，因為它是群經之始，也是中華文化的總源頭，內容所講述的，是變化的道理和規律。世事看似錯綜複雜，但只要讀懂《易經》，就能確實掌握住變中之常，能夠執簡以御繁。

而「禪宗」與「易經」的特性相同，兩者皆是與炎黃子孫思維相符、可運用於生活大小事，入門看似簡易，實則蘊藏了深奧內涵的學問。經常進行禪的思慮練習，可以幫助我們修養心性，推理出很多重要的人生道理。因此，有緣進入禪的領域、想要一窺堂奧者，最好能有良師引領，才能逐漸由迷轉悟、由識轉智，入寶山而滿手歸，打從心底生出禪悅的歡喜。

本書字字珠璣，饒富禪機。每一次讀，都能讀出不同的感受；每個人讀，都能讀出不同的體悟，是一本推薦給想要學習、認識禪宗智慧者的最佳入門書。作者曾仕強教授學貫古今，在國學的研究與發揚方面，有著極為重要的貢獻，因此被推崇為「中國式管理之父」、「台灣國寶級大師」。近年來，更被大陸文化界評選為「第一名的國學大師」。祈廷有幸能追隨曾教授學習，經常感受到矇昧日益清明、智慧逐漸增長的喜悅，實乃三生有幸！書中，曾教授以說書者的親切姿態，將禪宗極為深奧的道理，用最淺近易懂的話語表達，讓閱讀一如廟埕旁茶餘飯後的聽故事時光般輕鬆歡喜。

除了教授的妙筆生花，帶給我們寶貴的智慧啟示之外，還要特別感謝中國北京書畫院院長、著名書法家張惠臣先生賜予本書墨寶《達摩祖師大乘入道四行觀》全文；以及清涼音出版社社長洪木與先生，提供本書數尊活靈活現、栩栩如生的達摩木雕個人收藏，讓祖師爺的生動形象躍然於紙上，提升了全書的精彩度與藝術性，在此特別獻上我們最誠摯的敬意與謝意！

曾仕強文化總編輯　陳祈廷

目錄

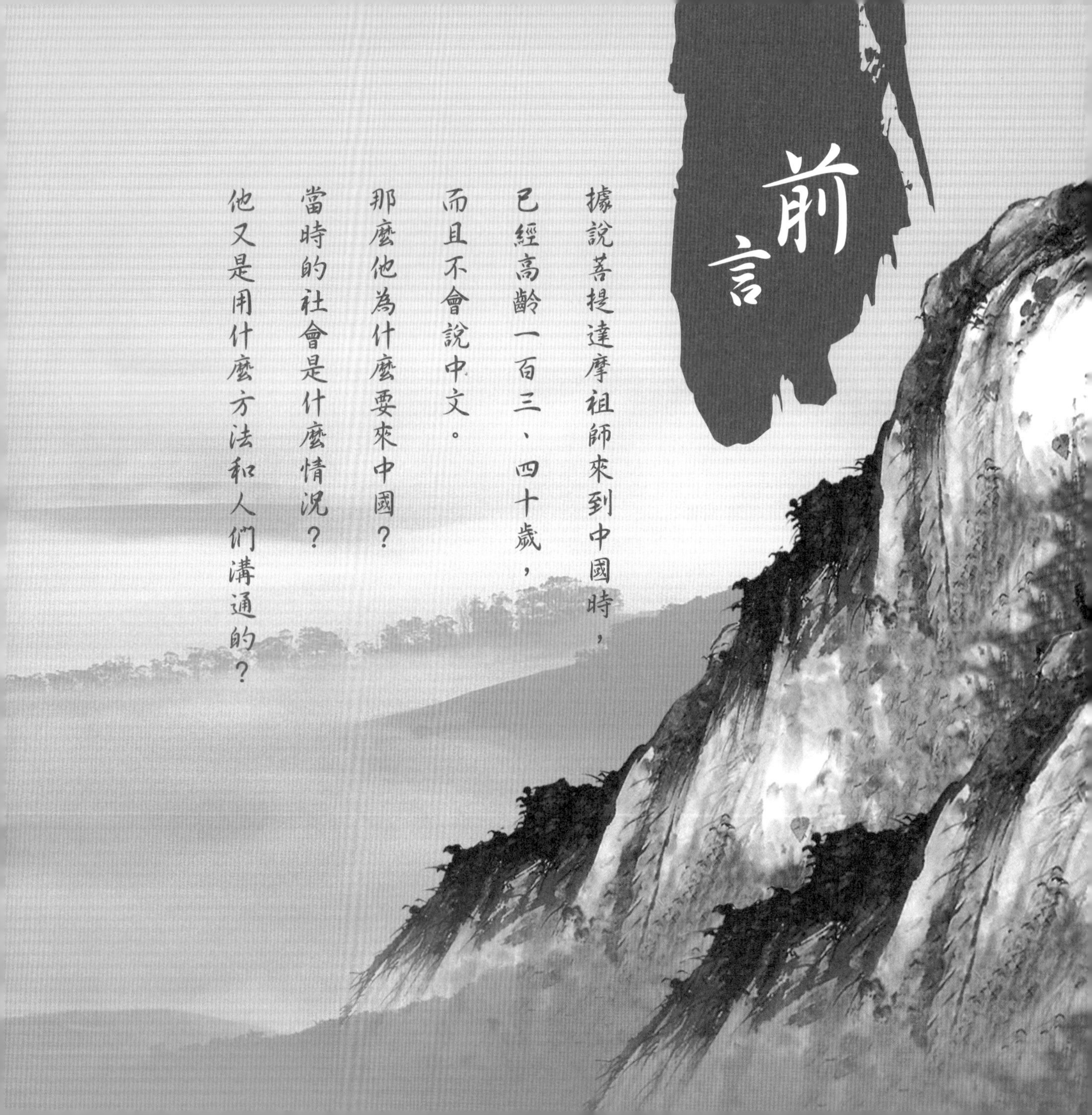

前言

據說菩提達摩祖師來到中國時，
已經高齡一百三、四十歲，
而且不會說中文。
那麼他為什麼要來中國？
當時的社會是什麼情況？
他又是用什麼方法和人們溝通的？

達摩是誰？

菩提達摩祖師是我們常用的尊稱，
原本是南印度香至國的三王子。
印度古代稱太子為王子，
兄弟中排行第三，所以稱為三王子。

好好的王子不當，要當祖師爺，難道王子不如祖師爺？

當然，古今中外，王子多得很，祖師爺有幾個？
尤其像達摩這樣的祖師爺，值得放棄王子的權勢和財富。

達摩一定有好師父吧！

他的師父是一位尊者，
而且是釋迦牟尼佛祖傳下來的第二十七代傳人，
法號是：般若多羅尊者。

是師父找他，還是他找師父？

是因緣聚合。
達摩小時候見過般若多羅尊者。

等到他的父王駕崩，才跟著尊者修行，一跟便是四十多年。

達摩祖師爺到中國來，想做什麼？

他想當佛教傳入中國以後本土化的創始者。
因為佛教源起於印度，傳到中國，恐怕水土不服。
達摩知道佛教如果不與中華文化相結合，
很難獲得實際效果。

達摩什麼時候來到中國？

南朝梁武帝普通元年，也就是公元五二〇年，
達摩從印度航海來到廣州。
梁武帝信佛，因此把達摩接到南京，請他傳法。

佛教是什麼時候傳入中國的？

東漢時，佛教已經傳入中國，
但是一直到魏晉時代才開始盛行。
那時候達摩還沒有出生，但他身分特殊，應該知道這些事情。

魏晉時代佛教為什麼盛行呢？

當時社會貧富差距太大，老百姓過著悲觀痛苦的生活。眼看著貴族、名士過分的奢侈享受，又沒有人能夠拯救他們，於是就把希望寄託在來世，對佛教十分歡迎。

達摩到中國來，為什麼選擇廣州？

佛教傳入中國，是由北方向南方傳佈。達摩這次來到中國，希望由南方向北方延伸，有反向操作的構想。

達摩為什麼要反向操作呢？

祖師爺認為佛教傳入中國，逐漸成為一門學問，大家把它當做高深的理論來研究討論，卻很少真正在修行。

達摩來到中國，所見到的情況是這樣的嗎？

祖師爺發現，大家所研究的東西，基本上都和佛的原本狀態不一樣。

大家所認識的佛，和佛的本來真面目並不相同。

佛來到中國，變成中國佛，不是正好符合本土化的要求嗎？

佛在印度時，乾乾瘦瘦的，
來到中國以後，長得白白胖胖，
這是好事情，證明中國人真的很有人情味。
但是，把佛的本來面目都改變了，恐怕不太好吧！

達摩那時候，會說中國話嗎？

祖師爺來到中國的時候，已經一百三、四十歲，
想學中國話，至少也要一些時間。
有時候，語言不通反而更加容易相互瞭解，
至少可以減少語言文字所產生的溝通障礙。

達摩採用什麼方法，和當時的中國佛教界溝通？

祖師爺會見了當時篤信佛教的梁武帝，
擒賊先擒王，
對中國人向來最有效。

梁武帝篤信佛教到什麼程度？

梁武帝蕭衍，滅掉齊朝，建立梁朝。在位四十八年，是南朝（宋、齊、梁、陳）中在位最久，也最重視教育的一位君王。

梁武帝的前期，開創了「天監之治」，國勢十分強盛。然而，當他迷上佛教以後，開始對朝政感到厭惡，反而喜歡穿著僧衣，為僧尼講解佛經。

梁武帝迷信佛教，對當時的人民有什麼影響？

他不殺生，因而廢棄了死刑。地方官吏任意侵害百姓，公然貪污納賄。王公貴族驕橫淫暴，狂妄至極。亡命之徒當街殺人，官吏也不敢管。有人向梁武帝報告這些亂象，梁武帝只是跪在佛前，口唸：「阿彌陀佛，善哉，善哉！」最後導致梁朝日趨衰亡，真是自食其果。

據說中國僧尼吃素，也是源自於梁武帝的規定？

釋迦牟尼佛祖創立佛教，要求僧人過著簡單、樸實的生活。

沿門托鉢時，施主給什麼，就吃什麼。
不管是葷是素，誠心接受。
梁武帝慈悲為懷，每天只吃一餐，完全是極差的菜蔬。
後來乾脆規定僧人斷食酒肉。
中國僧尼吃素，就是從那個時候開始的。

❁梁武帝和達摩見面，情況如何？

達摩從廣州來到南京，與篤信佛教的梁武帝見面。
武帝問：「我修建這麼多佛寺，寫這麼多經卷，度這麼多僧人，有多少功德？」
祖師爺斷然回答：「都沒有功德。」

❁為什麼建佛寺、寫佛經、度僧人，並沒有功德呢？

達摩祖師爺認為這些都是人天小果，有漏之因。
雖然有一些貢獻，卻全是虛的，並不實在。
換句話說：不是真功德。

❁那麼，什麼才是真功德呢？

達摩祖師爺說：

不要老想著自己成佛。
有所求而做的事，都虛妄不真。
無所求的奉獻，才是實在的功德。

《易經》中的咸卦，好像也是這麼講的？

《易經》第三十一卦：澤山咸卦。
「咸」和「感」字，只差一個心。
無心之感叫「咸」，才能感動人心；
有心想感動別人，動機已經不純正，經常感動不了任何人。

梁武帝懂《易經》，為什麼想不通這個道理？

我們只能說梁武帝讀過《易經》，但不明白其中的道理。
讀書卻不明白其中的道理，等於沒有讀。
讀書明理，但是無法表現在實際的行為上，
也等於兩腳書櫥，背很多卻不管用。

達摩的話，梁武帝聽得進去嗎？

達摩祖師爺的真言：
「善之為用，不求回報；一求回報，即非善也。」

與梁武帝的想法，基本上恰好相反。
兩人因緣並不契合。
據說梁武帝相當不高興，拂袖而去。
可想而知，必然如此。

達摩離開南京，到了什麼地方？

祖師爺有話直說，惱怒了梁武帝。
於是他離開南京，借得一葦渡江，
來到北朝魏國境內，開始在洛陽一帶傳習禪宗。

達摩祖師
大乘入道四行觀

張惠臣　書

＊編註：《達摩祖師大乘入道四行觀》經文因年代久遠，故有不同版本流傳於世。由於本書內文與書法所採用之經文版本不同，因此用字上有少許出入，特此說明。

夫入道多途
要而言之
不出二種
一是理入
二是行入

理入者
謂藉教悟宗
深信含生同一真性
但為客塵妄想所覆
不能顯了

若也捨妄歸真凝住壁觀
無自無他凡聖等一堅住
不移更不隨文教此即與
理冥符
達摩祖師大乘入道四行觀
張惠臣書於北京

若也捨妄歸真
凝住壁觀
無自無他
凡聖等一
堅住不移
更不隨文教
此即與理冥符

無有分別
寂然無為
名之理入

前言

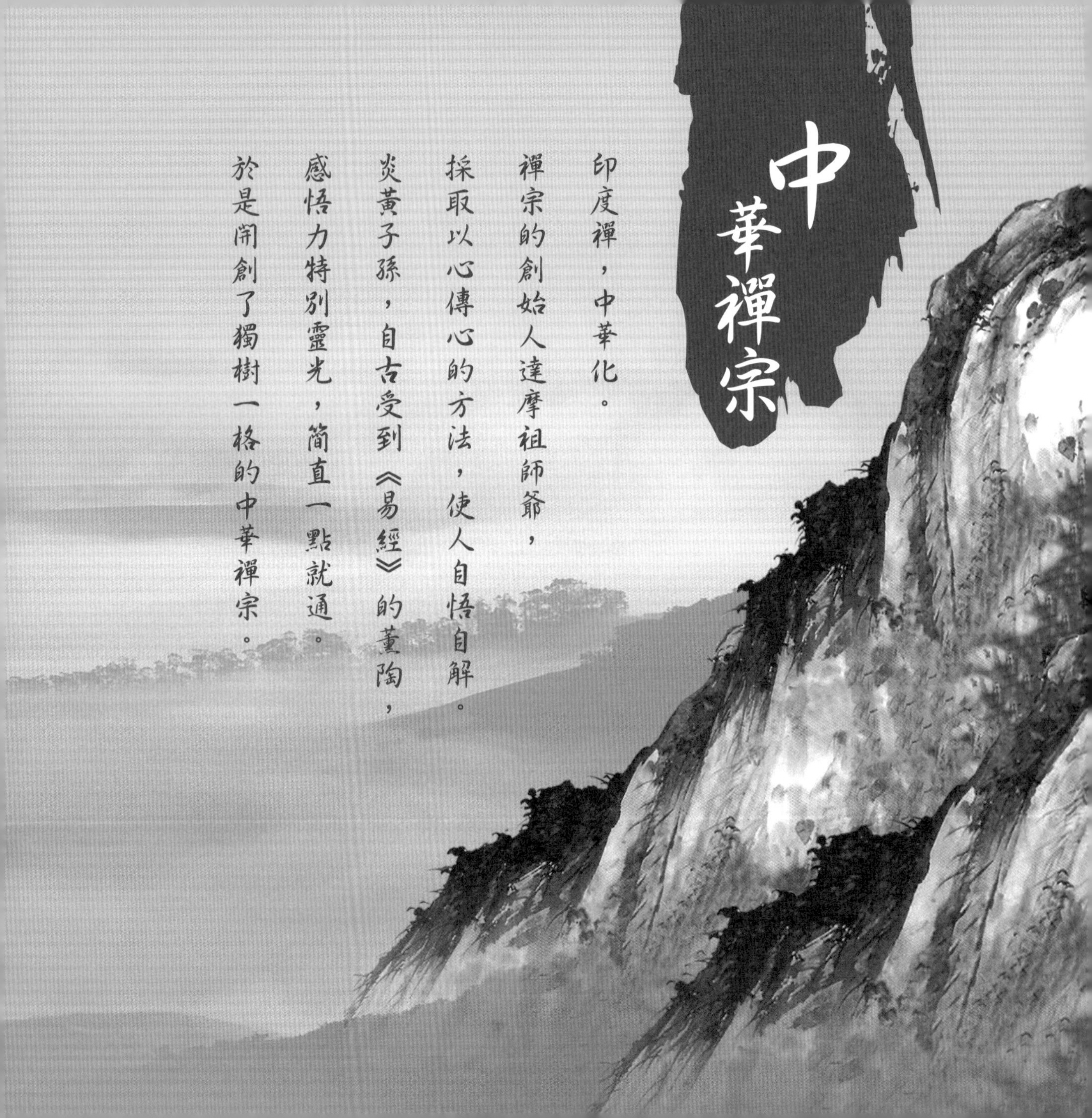

中華禪宗

印度禪，中華化。

禪宗的創始人達摩祖師爺，

採取以心傳心的方法，使人自悟自解。

炎黃子孫，自古受到《易經》的薰陶，

感悟力特別靈光，簡直一點就通。

於是開創了獨樹一格的中華禪宗。

什麼叫禪宗？

佛教起源於印度，禪宗則發揚於中國。
達摩採用釋迦牟尼佛祖在靈山法會上，
拈一朵花引起頓悟的方式，透過淨心禪坐而悟道的方法，
以觀想悟理來渡化眾生，
因此成為中華禪宗的祖師爺。

達摩為什麼重視禪坐？

祖師爺來到中國，由於語言不通，
因此借重這種不需要太多語言，便能頓悟的方法，
應該是一種適時、適地應變的方式。

達摩難道沒有留下任何文字？

祖師爺的一些法語和論文，都是他的弟子慧可禪師記錄下來的。
當然，應該是一些弟子共同整理，而以慧可禪師掛名，
因為他是禪宗的第二代祖師，名正言順，成為一家之言。

達摩不透過言語，用的是什麼法？

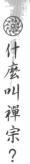

公元五二六年前後，祖師爺到中國已經六個年頭。
想來想去，終於想出一個好辦法：
在嵩山少林寺五乳峰的石洞內，面壁九年。

◎為什麼需要面壁九年呢？

大概是因為「九」和「久」同音，中華民族重視九九歸一。
達摩祖師爺為了尊重中華文化，因而面壁九年，告訴大家：
頓悟經常需要長期間的修行。

◎達摩這樣做，是不是求新求變呢？

求新求變，對人類來說，
實在是有知識，卻缺乏智慧的一種說法。
因為「新」和「舊」未必對立，
而「變」與「不變」也不可能分家。
求新求變，根本不合祖師爺的本意。

◎達摩和釋迦牟尼佛祖有什麼關係？

達摩的師父，般若多羅尊者，

是釋迦牟尼佛祖傳下來的第二十七代傳承者。
所以達摩成為釋迦牟尼佛祖第二十八代傳人，
也就是印度禪宗的第二十八祖。
關係密切，是名門正宗。

釋迦牟尼佛祖是印度禪宗的始祖嗎？

傳說釋迦牟尼佛祖，
有一天在印度（舊稱天竺）靈鷲山對徒眾說法。
佛祖並不開口，只是手拈一朵金婆羅花。
徒眾不解其意，摩訶迦葉尊者卻發出了會心的微笑。
這種不立文字、教外別傳的方式，就是印度禪宗的起源。
而迦葉尊者，便成了印度禪宗的初祖。

教外別傳，成為一種宗派嗎？

我們可以這麼說：
釋迦牟尼佛祖除了講經說法之外，另外開闢了這一種宗派，
以不立文字、教外別傳來代代相傳。

達摩是不是中華禪宗的始祖？

印度禪宗，以釋迦牟尼佛祖為創始者，
而以摩訶迦葉尊者為初祖。
中華禪宗，以達摩為傳入者，
同時也成為中華第一代祖師，稱為初祖。
我們尊稱達摩為祖師爺，
是一種特殊且親切的尊敬。

中華禪宗，由誰來接棒呢？

初祖達摩，
傳給二祖慧可，
再傳三祖僧璨，
又傳四祖道信，
繼傳五祖弘忍，
到了六祖慧能，
就不再一脈單傳了。

六祖慧能以後，中華禪宗就不再傳了嗎？

當然不是。
慧能從五祖手中接下衣鉢時，

五祖鄭重警示他必須連夜南逃，以免發生意外。
於是慧能省悟到單傳的高度危險性，
這才終止單傳的方式，
改採普傳，更加自由化。

五祖為什麼要六祖連夜南逃呢？

因為五祖知道有很多人不服氣，想要爭奪衣鉢。
他在半夜三更採用祕密的方式，
把衣鉢傳給六祖，並且交代六祖連夜向南逃走。
一直要等到時機成熟，才能夠公開授徒，繼續弘法。

六祖以後，中華禪宗為什麼南北分流呢？

慧能得到五祖的衣鉢後，便隱姓埋名。
一直到十五年後，才在廣州光孝寺顯露身分。
而一心想要奪取衣鉢的神秀，
則留在北方，成為武則天的國師。
從此中華禪宗南北分流，演變為五宗七派。

達摩預料得到五宗七派的分流嗎？

傳說達摩由南京北渡洛水，
腳下只踩著一叢蘆葦，便飄然過江。
在一葦過江時，手中拿著一枝花，有五個蒂，
預先告示中華禪宗將在全盛時期，開出五朵鮮花。

禪宗流傳，僅限於中華大地嗎？

禪宗既然由印度傳入中國，也就可能由中國傳到其他地區。
先是日本，公元七世紀時便由中國傳入，然後再由日本傳到歐美。
以致很多歐美人士，只知道禪宗源於日本，
卻不知道其實還有更早的源頭。

禪是什麼呢？

問這種問題，其實已經失去了禪味。
禪是一種集中精神，以領悟真理的修行方式。
主要在悟，所以沒有固定的答案。

釋迦牟尼佛祖當年為什麼要一分為二呢？

我們依據《易經》「一分為二，二合為一」，

構成「一陰一陽之謂道」的原則，
並不認為佛祖是「一分為二」，應該說是「一內涵二」。
佛法是一，
內涵「語言文字相傳」和「非語言文字相傳」兩種方式。
禪宗所傳，不離佛法，
只是教外別傳，不立文字而已。

達摩為什麼採取面壁的方式呢？

達摩在五乳峰的石洞內面壁九年，
就是在傳習壁觀禪法。
後來的坐禪，實際上便是由壁觀轉化而來，
形成另一種格調。

為什麼要面壁？

達摩或許認為：
外息諸緣，內心無惴，心如石壁，可以入道。
眼前只有石壁，別無他物，可以減少妄念。
心中沒有煩惱、恐懼，
就像石壁那樣堅定而正直不移，可以排除一切執念。
對於悟道，應該有很大的助益。

為什麼選在少林寺呢？

達摩和梁武帝見面時，
原想當頭棒喝，喚醒梁武帝，
這樣由上而下，使佛教的真面目得以顯現。
既然此路不通，那就改採不言不語的心傳方式。
少林寺當時已經很著名，
選擇在少林寺面壁，更容易引起大眾的注意。

為什麼有「面壁石」的說法？

一八四八年，廣東高安人蕭元吉寫〈面壁石贊〉：
「少林一塊石，都道是個人，分明是個石。
石何石？面壁石。人何人？面壁佛。
王孫面壁九年經，九年面壁祖佛成。
祖佛成，空全身。
全身精入石，靈石肖全形，少林萬古統宗門。」

「初祖庵」又是什麼？

五乳峰下的小山丘上，有一組建築群，

被稱為「初祖庵」。
據說是宋朝人為了紀念達摩面壁而修建的，
成為河南省現存最為古老、也最有價值的木結構建築群。

六祖慧能為什麼在初祖殿栽植柏樹？

慧能南逃，終究要回到祖庭少林寺，
就像中華民族重視歸宗認祖、落葉歸根那樣，表示不忘根本，
而且又證明自己才是中華禪宗的正統傳人。
慧能特地從廣東帶回柏苗，
植於初祖殿東南角作為物證。
後代子孫見證這種精神，莫不為之深深感動！

釋迦牟尼佛祖為什麼要拈花微笑？

所有宇宙人生的道理，可以用一句話總結，
那就是「一陰一陽之謂道」。
倘若透過文字傳教是陽，
那麼不立文字、教外別傳便是陰。
就像老子所說：「萬物負陰而抱陽」，
兩者永不分離，都存在於我們的日常生活之中。
我們可以說兩者不一樣，也可以說兩者是一樣的。

為什麼說不一樣又是一樣的呢？

心中認為不一樣，兩者就真的不一樣；
心中認為一樣，兩者其實就沒有多大差異。
換句話說：
重「分」的人，滿腦子都是分，看什麼都不一樣；
而重「合」的人，滿腦子都是合，看什麼都差不多，
並沒有什麼兩樣。
一而二、二而一，是《易經》的思維方式，
對中華民族的影響十分深遠。

什麼叫做「一而二、二而一」？

禪離不開生活，離開生活就沒有禪。
生活也離不開禪，
一言一笑、一舉手一投足，都在透露禪的契機。
所以禪和日常生活既是一，又是二。
禪與生活合一。
然而有人把握得住，也有人把握不住，
形成兩種不同的情況。

最早的情況是怎麼樣？

傳說釋迦牟尼佛祖在靈山法會拈花微笑，
摩訶迦葉立刻把握了微笑中所透露的真意，
而當下了悟，就是這樣，禪便流傳下來了。
太極生兩儀，兩儀生四象，四象生八卦，
原本十分自然。
禪由一朵花、一個微笑開始，
一直演化下來，也極其自然。

那麼，禪是佛教的一部分？

禪是自然孕育出來的，
可以說是佛法的一部分，也可以說是人類生活的一部分。
因為佛法如果離開生活，或者生活如果離開自然，
那就不是真正的禪了。
道法自然，禪法自然，
也就是全都合乎自然。

忍不住還是要問：禪的定義是什麼？

定義？定義！什麼叫做定義？

誰有實力、有資格下定義呢？
定義是每一個人悟出來的，
一人一義，十人十義，才是常見的情況。
要想加以統一，把定義一致化，
就變成形式，根本沒有實際的效果。
對禪來說，也是不可能的事情。

能不能稍為指點一下呢？

這是可能的。
不過《易經》的原則是「不可為典要」——
不能夠只是當做條文，去背誦、記憶，
卻不求領悟，那就不好了！
首先，最好不要把禪看做一種宗教。

宗教有什麼不好？

宗教的起源，是超越生命的能人，頓悟生命的實相，
透過言語的教化才出現的，當然沒有什麼不好。
是信仰者自己不好，才弄出很多弊端。
這種情形，同樣發生在《易經》。

《易經》這部經典並不迷信，
但是很多人卻把《易經》搞成迷信。

是不是「教」字太嚴肅了？

「教」字也沒有問題，根本是人自己出了問題。
若是把「教」當做「教化」，當然很好；
若是把「教」視為「教條」，那就不好了！
這也是「一陰一陽之謂道」所帶給我們的啟示。

禪好像沒有固定的教義？

這就對了！
沒有嚴格的教條，所以稱為「教外別傳」。
嚴格的教條，對某些人而言是必要的，
所以佛教也不能夠例外；
但是對某些人來說，自主才是人性的尊嚴，
那就不能夠接受固定的教義了。

禪是一種高度自覺的產物？

禪既然是一種生活的方式，

而每一個人又有不同的個別差異，
不必求其一致，卻應該求同存異，
所以需要高度的自覺，
在有限的自主當中，走出自己的道路。

為的是什麼呢？

為的是內心的平和。
「平」就是能接受不平的現實，像海洋那樣，
一波未平、一波又起，但內心是平靜、安寧的；
「和」是和合，老子說：「沖氣以為和」，
也就是要能接受「分」的事實。
有形有體，怎麼能不分？
但是內心的感覺卻是不分的，本來就合在一起。

宗教有救世主或上帝可以依靠，禪呢？

禪所依靠的，是我們自己。
實際上除了自己以外，還有什麼可以依靠的呢？
大家可以拿一支筆，用一張紙，
把認為可靠的事物逐一寫下來。

結果呢？通通經不起考驗，
都被劃掉了，是不是？

靠自己，那不是自信嗎？

「自信」是一種口誤或筆誤，
應該是「自性」，而不是現代人常說的「自信」。
通常眼光愈狹窄的、見識愈淺薄的，才愈自信，
實在非常可怕！

達摩面壁九年，是「自性」還是「自信」的表現？

如果說成「自信」，
那就表示達摩有信心，可以達成自己所預設的目標，
這和梁武帝一心想做功德、一心想成佛有什麼兩樣？
「自信」是對結果有信心，屬於結果論者。
達摩是重因不重果的修行者，
面壁九年當然是「自性」的表現。

自性是因，那是什麼因？

「性」字「心」旁，象徵與生俱來的心，

而不是後天所產生的心思。

「自性」代表這一生所要完成的任務，是一種天命。

能不能完成？由天決定；有沒有盡力？則是自己的事情。

這種天人合一的狀態，即為「自性」。

天命人人都有嗎？

要不然為什麼眾生平等呢？

人人都有天命，各自不同而已。

從這個層面看，的確是眾生平等。

然而，人一生下來，受到環境的制約，

有些人覺悟得早，有些人領悟得晚，

有些人一輩子都不自覺，因此顯得很不平等。

「一陰一陽之謂道」，在這裡看得十分明白。

達摩面壁九年，悟出了什麼？

「教外別傳，不立文字」，是大家對拈花微笑的一種描述。

「直指人心，見性成佛」，可能是達摩面壁九年最大的收穫。

既然不立文字，就不要再給自己設立很多文字障，

因此直指人心，應該是可行的途徑。

見性成佛，那是各人的了悟，
只能依靠自己，旁人無法幫上忙。

直指人心，是不是用手一指，就可以直透人心？

指不指是一回事，有沒有效果又是另一回事。
《易經》重感應，
有感有應，才是「直指人心」的另一種說法。
有沒有感應？有什麼樣的感應？
那就是因緣，現代話叫做「配套」。
時機良好，因緣俱足，自然有感有應，當下了悟。

悟或不悟，有什麼標準？

人類最大的笑話，
便是認為自己悟了，別人卻執迷不悟。
自己永遠高人一等的心態，是人類最大的天敵。
所以悟或不悟？必須自作自受。
由自己評斷，也由自己承受一切後果。

為什麼自作自受？

因為人生的平等律，其實就是這一條：自作自受。
長久以來，中國人習慣把「自作自受」視為一種負面表述，
似乎只有不好的結果，才叫做自作自受；
實際上良好的結果，也是一種自作自受。
任何人對自己的所言所行、所作所為，
都必須負起完全的責任，承擔所有的結果，
這就是所謂的「自作自受」。

現代人很重視自信，有什麼不好？

不是好不好的問題，
合適或不合適，才是我們應該探討的重點。
「自信」和「信天」，必須同等重視，兼顧並重，
才是天人合一的表現。
現代人過分自信，以致忽視天道，
甚至把天道和迷信畫上等號，造成很多禍害，
自己還渾然不知，豈不可憐！

能不能舉一個例子？

有些人這一輩子不是來表現的，

而是來默默行善的，
結果卻被當做缺乏自信，
沒有足夠的勇氣走上舞台。
經過一番啟發、激勵和歷練，
終於有了自信，勇敢地走出來，
卻修不好原本應該修練的課業，
到底是好事還是壞事？

為什麼走上舞台反而不好呢？

並不是走上舞台不好，
而是有些人走上舞台很好，有些人反而不好，
要看個別的需要而定。
我們這一生，為了配合天命，
生長在什麼樣的環境？相貌如何？應該發揮哪些才能？
每個人都不一樣。
所以不應該胡亂學習，
以致擾亂了自己原有的步伐。

難道不可以改變自己嗎？

當然可以。但是要看「有沒有必要」？

而不是「要或不要」？有必要改變的，才改變，
不需要改變的，千萬不要亂變。
這叫做「有所變，有所不變」，也稱為「持經達變」，
是《易經》給我們的最佳準則。

不是說一切一切都在變嗎？

就長遠看，一切一切都在變。
但是有的變得快，有的變得慢。
《易經》把變得快的稱為「變易」，
把變得比較慢的稱為「不易」。
變易如果是變，不易便相對的不變，
所以有變有不變。
依據不變的原則，來因應當前的變數，
做出合理的調整，這就是「持經達變」的智慧。

哪些是不變的法則？

過道德的生活、淨化自己的欲念、發展對心的自主能力，
最起碼是修禪者不變的恆久法則。

什麼叫做道德生活？

佛家常說「依法不依人」，
「法」便是道德。
我們可以說道德是一切法的基本，也就是根基。
離開道德，並沒有什麼法可言。
現代人把遵守法律稱為守法，實在太偏狹了！
過道德生活，才是真正的守法。

守法是不是守戒？

凡是神本位的民族，都是把神當作人的主宰。
神至高無上，當然可以對人頒佈戒律。
在這種情況下，人必須守戒。
但是，守戒未必符合道德的要求，也是常見的事實。
因為戒律一旦形式化、固定化，
就免不了僵化，不能與時俱進。

好像法律也是如此？

的確如此。
訂定法律，倘若過分嚴苛，便無法實施；

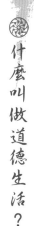

若是過分寬鬆，又勢必有失公正。
要求合理，很可能一段時期就要加以調整，
往往被認為是朝令夕改。
法律不能及時修改，當然難以令人心服。

道德生活真的做得到嗎？

孔子曰：「仁遠乎哉？我欲仁，斯仁至矣！」
道德生活，其實就是仁的自覺，
也就是對「人之所以為人」的自反自覺。
經由不斷地反省，藉著合理的調整，
人人都可以做得到，用不著刑罰和戒律的約束。

刑罰和戒律為什麼長久存在呢？

因為很多人既不自反，又不相信自己可以過道德生活，
他們只接受威脅恐嚇，
所以聖賢不得不採用「原罪」、「下地獄」、「善有善報，惡有惡報」，
以及「不是不報，時辰未到」等等威脅恐嚇的手段。
實在是用心良苦，只可惜長久以來，還是有很多人無法覺悟。

人類不是性本善嗎？為什麼惡人並不少？

人類有仁心仁性，卻也免不了有各種欲念。
我們可以把這些人人俱有的欲念、妄想，
視為普遍存在的原始罪惡，也就是原罪。
但是仁心仁性的發揚，足以超越這些罪惡，也是不爭的事實。
可惜很多人並不明白，以致犯罪率節節升高！

不是說上天有好生之德嗎？為什麼上天要賦予人類這麼多妄想、惡念？

倘若上天把人類生得慈眉善目，個個菩薩心腸，
人活著不就是安度日子的機器嗎？
上天一方面給我們好心腸，一方面又讓我們經不起外界的誘惑，
這才是人間好道場，使我們有一個修練的好場所。

我們應該如何反省呢？

孔子說：「觀過，斯知仁矣！」
我們的欲念，原本並沒有不善。
人要生活，必須合理滿足各種欲求。
問題是，人往往不能適可而止，

少追求多，多還要更多，好還要更好，
以致資源有限而欲望無窮，因而犯了過錯。
「過」也可以解釋為「過分」──
從觀察自己有哪些欲求過分的現象中，
應該就可以明白自己的為人之道是否合乎仁的標準了。

那就是淨化自己的欲念？

適可而止，便是淨化自己的欲念，
這是任何人想做，都做得到的事情。
我們常說：
「差不多就好了」、「見好就收」、「再走下去，就過分了」……
這些充滿智慧的話，實際上就是在淨化自己的欲念。

為什麼要淨化自己的欲念呢？

因為人是自然的一部分，
必須向自然學習，以自然為師，用自然做標準。
而自然的意思，便是不過分、差不多、適可而止。
凡是不能適可而止的，必然會受到自然法則的懲罰，
這是人人都不可能例外的定律。

這算不算威脅恐嚇呢？

應該不是。
自然的法則，對人來說便是自作自受。
人人都自作自受，絲毫沒有例外，
這也是眾生平等的一種表現。
若是從「善有善報、惡有惡報」的角度來看，
並不是威脅利誘，而是一種自然法則，
也就是「有因必有果」的因果律。

因果難道不是迷信嗎？

因果是科學。
熱脹冷縮、火炎上水就下，從來就沒有例外。
因果變成迷信，是被人誤用的惡果。
自作自受並不是威脅恐嚇，而是一種善意的提醒。
人人謹言慎行，心中存有「慎始善終」的因果律，
對人的修練十分有益。

為什麼要發展對心的自主能力呢？

人之所以會心生妄想，

主要是因為心被身體拖著走，喪失了自主能力。
這時候我們最常感受到的便是「痛心」。
可見心對自主能力的重視，一旦喪失，就會感覺痛心。
倘若要求不痛心，
就應該恢復心的自主能力，不再被身體所驅使。
或者說得恰當一些，便是身體接受心的指引，
走上正道，也就是遵循正法而生活。

這樣說起來，正心最要緊嗎？

《大學》說：修身在正其心，
一旦心失其正，身體的行為也會趨於偏激。
因此聖賢主張修身必先正心。
「正心」就是發展心的自主能力，
使其能夠合理節制感情的激動，保持心的正常狀態，
也就是我們所說的「平常心」。

正心的具體表現是什麼？

正心指心胸廣大寬平，沒有分別心，也沒有偏激心。
忿怒、恐懼、好樂、憂患，都能夠調節得恰到好處。

孟子說「求其放心」，便是心在於身，並且使五官不失其職責。五官盡責，各得其正，即為「正心」的具體表現。

心正則欲念獲得淨化，然後呢？

心正其實就是「凡事憑良心，大家立公心」。如此一來，欲念自然獲得淨化，每個人都能隨時反省，及時調整，做到以理智指導感情，便是過著道德的生活了。過道德生活、淨化欲念、發展對心的自主能力，實際上是一以貫之、連續不斷、持續進行的。

如何才能真正落實道德生活呢？

最好的辦法，便是自己先做到，少去管別人。一般人的通病，都是怕吃虧，喜歡佔小便宜。以致說得到卻做不到，明白道理卻不願意率先實踐。倘若人人都能覺悟：唯有自己先力行，別人才會放心地跟隨，那麼，相信很快就能落實道德生活了。

吃虧了怎麼辦？

吃虧才證明自己是老實人。
老實說話、老實行動、老實做人、老實做事。
不吃虧，又何以證明自己真的是老實人？
所以不怕吃虧，才是老實人的大無畏精神。

老實人吃虧，合乎天理嗎？

老實人往往被聰明人當做笑話，這是不瞭解天理的流行。
有一句俗諺說得好：
「巧的吃憨的，憨的吃天公，天公疼憨人。」
聰明人吃老實人，老實人吃老天爺，老天爺吃聰明人。
請問：當老實人有什麼不好？
老天爺疼惜老實人呀！

那我們就當「吃老天爺」的老實人好了？

當然不可以。
一旦抱持「吃老天爺」的心態就不靈光了！
因為老天爺發現有人存心吃祂，能不反過來把這些人吃掉嗎？
不存心才吃得到，這就是「正心」的效果。
存心的都吃不到，因為存心不良，心已經不正了。

真的是「吃虧就是佔便宜」？

這不是算術問題，如果是，當然不相等。
有些人理直氣壯地呼喊：「吃虧就是吃虧，什麼佔便宜？」
遇到這種問題時，最好是藉由修禪來自我化解。
因為人只能夠自行改變，
要靠任何人來改變自己，其實都行不通。

自己不改變，就別無他法了？

還是要靠自己修禪，
否則永遠改變不了，這也是一種自作自受。
依賴他人，就會喪失心的自主能力。
上天所祐助的，必然是願意自己努力的人。
天助己助者，人必須先有改變的決心，
才有可能真的改變自己，別人都是靠不住的。
所謂「依法不依人」，
所依的便是自我修正的法，也就是自然規律。

達摩面壁九年，是不是自我調整呢？

當然是。

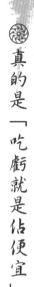

達摩找梁武帝說不通，和一般人又有語言障礙，怎麼辦呢？

不如改變自己的傳佈方式，用面壁九年來喚醒人們。各人採用各自的方式來改變自己，這就是修禪。

祖師爺面壁九年，吃不吃飯呢？

當然要吃，只是不用祖師爺操心。

因為附近的人，必然會自動供奉祖師爺，這也是修禪的一種方式。

主動供養，便是發揮心的自主能力。

輪流招呼，也是心的淨化，表示不存心為善。

如此一來，凡參與的人，都能自然而然地過著道德生活了。

選擇面壁的方式，有什麼用意？

第一：讓大家明白，梁武帝雖然貴為國君，卻有如頑石一般，點不醒，很不容易溝通。

第二：使大家瞭解，石頭也有能量。

若是發揮人的靈氣，即使頑石也會點頭。

第三：既然梁武帝拂袖而去，就表示由人著手，有很大的困難。

然而由動植物著手，還不如從石壁下手——挑最困難的，才更具有啟發性。

選擇少林寺，又有什麼深刻用意？

第一：少林寺很著名，在這裡面壁，容易吸引大家的注意力。現代稱為「名牌效應」，合乎人性的需求。

第二：在少林寺附近出入的人士，大多對佛教有好感，比較容易用心領悟達摩的苦心。

第三：有少林寺保護，至少可以減少無謂的干擾，能夠專心面壁，收到最大的效果。

這樣不是很用心嗎？

當然要用心。

光陰一去不復返，時間寶貴，不能浪費呀！

用心和動腦不同——用的大多是真心，動的大多是歪腦筋。

我們常說「不要煩惱」，偏偏很多人喜歡「動腦筋」。「煩腦」才有「煩惱」，何必呢！

用心是什麼？

用心其實就是憑良心。
若是達摩走入少林寺，勢必又會引起大家的不安——
梁武帝會不會不高興，給少林寺一點顏色看？
雖然梁武帝是虔誠的佛教徒，但畢竟是俗人，
以俗人的眼光看達摩，根本看不懂。
用俗人的習性來應對，那就麻煩多多了！
遠離少林寺，達不到宣傳效果；
進入少林寺，又會惹麻煩，
不如在附近面壁，
是一種合理、方便、有效而且安全的用心選擇。

祖師爺也提出所謂的《四行觀》，不是嗎？

不應該用這樣的語氣，十分不敬。
我們可以不看祖師爺的東西，也不理會祖師爺，
那是一種人人都擁有的自主性。
但是，既然要看、要討論、要參與，就必須抱持恭敬的心。
什麼「所謂的」，這種語氣就是大不敬。
應該問：「祖師爺提出來的《四行觀》，內容是什麼？」
不可以說什麼「所謂的」，使人覺得很不舒服。

什麼叫做《四行觀》？

達摩祖師《四行觀》，便是：

一、報冤行。

二、隨緣行。

三、無所求行。

四、稱法行。

行是修行嗎？

《四行觀》開宗明義指出：

「夫入道多途，要而言之，不出二種：一是理入；二是行入。」

「入」就是入道，有很多途徑，

但是歸納起來，不外乎「理入」和「行入」兩種。

「理」是悟理，「行」即實行。

說「行」是修行，是一種通常的說法。

若不悟理，又如何真實行？

兩者一陰一陽，不宜偏廢。

那為什麼叫《四行觀》不叫《四理觀》呢？

因為中國人普遍重視學問，又喜歡尊重有學問的人士，所以把佛教當做一門學問來研究。
誦經、背經，引經據典，
可惜卻無法具體實踐於生活之中。
為了提醒大家：知而不行，等於不知，
因此才稱為《四行觀》，而不叫做《四理觀》。
希望大家能在實際行為上，表現出修行的實績，
而不是淪為口頭禪。

理入的「理」，指的是什麼？

禪宗的特色，是不立文字。但是不立、不立，到頭來還是要立。
站在不立、不立的立場來立，才不致為立而立，弄出一大堆經文。
禪宗的理，主要是以心傳心，見性成佛。

這麼簡單的理，夠用嗎？

《易經》告訴我們：
宇宙人生的規律，基本上十分簡易。
是人類愛做學問，才愈弄愈複雜。
實際上，不能簡單明瞭說出來的，就不是真理。
凡是無法用一、二、三點說清楚的，

就要更加努力、用心領悟。
設法把複雜的事，簡化成三，才是真本事。

以心傳心，怎麼傳？

人類初生的時候，還沒有文字，那時候完全是以心傳心。
有了文字以後，大家便十分依賴這種媒介，
以致逐漸喪失以心傳心的能力。
殊不知語言、文字固然方便，卻也徒增許多障礙。
聽錯了、寫錯了、解釋錯誤、傳承出了問題，
便可能造成很多扭曲、誤解，
甚至有造假的危險。

以心傳心，就用不著讀經了？

有了文字以後，
我們把道理透過文字來傳播，既方便又有效。
只是我們忽視了文字的讀、寫，
和心之間，仍然具有十分重大的關係。
不用心、讀錯了，還是小事，
萬一寫錯了，那後果就不堪設想。
所以一方面藉重文字，一方面仍要以心傳心。

心是主體，文字不過是手段而已。

讀經怎麼以心傳心呢？

達摩祖師《四行觀》接著說：

「理入者，謂藉教悟宗，深信含生同一真性，但為客塵妄想所覆，不能顯了。」

「理入」最方便的途徑，即為讀經。

主要的功能，在藉教悟宗，藉著佛教的經典來悟道。

深深相信具有生命的一切眾生，都共同擁有相同的本性，但是被客塵和妄想所覆蓋，以致隱而不現，無法顯露出來。

藉教悟宗，是不是以心傳心的重點？

當然是。

禪宗的方法，是直指人心，以致忽視教義，也不重視宗教儀式。

「藉教悟宗」，便是藉助於教義和看得見的儀式，來領悟背後所代表的根本道理，也就是我們所要進入的道。從有形的經典和儀式，返回看不見的根本，稱為「悟宗」。

「悟」字從心，表示經由自己的心來悟道。

「宗」是什麼？

「宗」的意思，是根本。
佛教的根本，是道。
《易經》所說的：「一陰一陽之謂道」，
經由釋迦牟尼佛祖的領悟，提出寶貴的心得，後來成為佛教的教義。
釋迦牟尼佛祖傳道四十九年，卻要求大家不要執著於所開示的話語，
和《易傳》所說：「不可為典要，惟變所適」，
有異曲同工之妙。

祖師爺是印度高僧，難怪會寫出這麼精要的《四行觀》？

這並不是祖師爺親自寫的，
是中華禪宗第二代祖師慧可禪師和同修們，
集體記載祖師爺的教誨所共同整理而成的。
和《論語》的集結過程應該是相同的。
可見能把弟子帶好，才是真正的好法師。

慧可也是印度高僧嗎？

慧可禪師是中國人，本名神光。
他博覽群書，並長期研究儒、道兩家的思想，

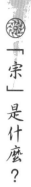

聽到達摩的名字，就到少林寺參見。
但是達摩並沒有理會他，於是他又默默地離開。
三年後，慧可重上少林寺，
那時正值隆冬之際，達摩在洞中靜坐，一語不發。
慧可站立在雪中，等待了一整夜，
第二天早晨，積雪已經埋住他大半個身子。
達摩看出他的誠心，便傳授予壁觀禪法，
成為中華禪宗的第二代祖師。

什麼叫做「壁觀禪法」？

達摩祖師爺以壁觀為法。
在少林寺對面，有一座少室山，
達摩在面對少室山的洞中，終日面壁而坐，
對任何來訪的人都不發一語，
如此長達九年，後人稱為「壁觀婆羅門」。
壁觀並不等同於一般的靜坐。
達摩行壁觀禪法時，心就像空闊的海洋那樣清靜，
既不是想些什麼，也不是什麼都不想。
一切隨緣，真正放空。

傳說慧可斷臂求道，有這回事嗎？

達摩問慧可：「你久立雪中，所求何事？」
慧可回答：「求和尚開示，打開慈悲之門，普渡苦難大眾。」
達摩說：
「只有經過長時間磨練，忍世上最難忍，行世上最難行，才能體會無上妙道。」
於是，慧可以所攜利刃切斷左臂，放在達摩面前，說：
「這樣，可以表示我的誠心了！」
這樣的傳說，不必從字面上去理解。
切斷左臂，只是象徵拋開一切原先所知達到究竟之道的方法，並不一定真的要切斷自己的手臂。

這和《論語》所說「朝聞道夕死可矣」似乎十分相近？

「朝聞道夕死可矣」，
文句中的「朝」並不一定指朝，「夕」也未必一定是夕，
「死」那就更不是死了！
這句話可以解釋成：
「有朝一日領悟到道理，對於過去的種種不是，用不著後悔、痛心，就讓昨日種種譬如昨日死，然後，在嶄新的今日重獲新生。」

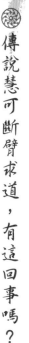

這樣不就好了！

慧可對於當時佛教重理論、重儀式，
已經喪失佛心的現象深覺不妥。
為了求道，不惜痛下決心，放棄以往種種做法，
當然是展現出了很大的誠意。

之前說達摩不發一語，但後來還不是對慧可講了一些話？

達摩不說話，不過是站在不說、不說的立場來說，未必完全不說，
這才合乎「一陰一陽之謂道」。
何況達摩和慧可的對話，也不一定像傳說那樣，
你一句、我一句地互相對應。
很可能是以心傳心，彼此會意，根本用不著開口說話。
後人借文字來表達當時的情境，我們也不需要加以質疑。

是不是語言不通，才退而求壁觀開悟呢？

如果只是這樣，那也不叫禪了。
達摩為了破除當時流行的「學術式」和「哲學式」的佛學，
也為了發揚佛教的實在精神，
因此才把語言不通當做良好的基礎。

用現代話來講，就稱為「利基」。
以身體力行的方式來傳揚，
這才是壁觀的真正用意。
做得到才算數，說一大堆不一定表示開悟。

達摩為什麼選擇慧可呢？

我們相信，當時前來探望達摩的人，為數必然不少。
但是達摩心中有數，
倘若佛法不能與中華文化相結合，就很難在中土發揚光大。
因為慧可對儒、道兩家的深研，
以及達摩從慧可去而復還、始終不正面接觸，
卻能適度表現出自己誠意的這幾點，便悟出慧可堪為法器。
果然是年老慎擇徒，選對了！

慧可的第一課，是什麼？

達摩對慧可說：「好啦，你所求何事？」
慧可回答：「我心不安寧，請求師父替我安心。」
達摩說：「把你的心拿來，我替你安！」
慧可回答：「根本找不到心。」
達摩說：「我已經把你的心安好了。」

這就是慧可的第一課。

這一課到底在說什麼？

這一課，在禪家叫做「公案」。
它一方面用來打開學者的直覺心，是一種工具；
一方面用以試探學者的直覺心打開到什麼程度？
也是一種衡量的標準。
達摩和慧可果然默契良好，兩人心意相通，圓滿通過。
不是，應該說是完成以心傳心。

釋迦牟尼佛祖說法四十九年，目的是什麼？

不要以為佛祖以說法來救人，
應該說佛祖透過說法來助人自救。
人必自救，然後才有得救的希望。
佛教的教義，主要在培養我們對自己身心雙方面的自制和不執著。
實際上和《易經》所重視的中道思想非常相近。
儒、道兩家，也都不離中道，這就是儒、道、釋三合一，
成為中華文化主要內涵的真正原因。

達摩採取壁觀禪法，是不是也在助人自救？

當然是。

壁觀禪法的特性是心不動搖，
沒有妄念，也就不會產生妄行。
當我們的心像石壁一樣，
既不動搖，也不生妄念，一片寂靜，
擺脫對人和物的執著時，就能獲得徹底的自由，
不生貪欲、佔有欲，沒有自我，也不需要自信。
所有的恐懼，頓時消失，心也就安了。
自救之道，即在於安自己的心。

為什麼要「深信含生同一真性」？

自古以來，一切一切似乎都在變，
但是，人性並沒有變。
這不變的人性，就是人之所以為人的靈性。
所以「含生」就是「含靈」，成為人類共同的真如本性。
凡是人類，都與生俱有，彼此一致。
在靈性方面，並沒有差異。
眾生平等，在這方面十分一致。
人人皆可以成佛，必須用心參悟，深信不疑，

否則，怎麼能夠自救呢？

果真人人都能夠成佛嗎？

這是十分普遍存在的疑惑，也就是深信不疑的重大障礙。
大多數人，抱持將信將疑的心態，或者有時信，有時卻不信。
這是為什麼呢？
因為大多數人「為客塵妄想所覆，不能顯了！」
我們明明什麼都沒有，
卻執著於自己所認為的擁有。
我們明明都具有佛性，
但是大多數人都否定自己，豈不是自作自受？

為什麼「但為客塵妄想所覆，不能顯了」？

原本人人都具有佛心、佛性，
卻由於外來的色、聲、香、味、觸、法的誘惑，
以及因此而造成的妄念、妄想，把佛心、佛性給覆蓋、掩沒了，
所以原有的佛心、佛性，都不能夠顯現出來。
那要怎麼辨呢？
祖師爺《四行觀》接著說：

「若也捨妄歸真，凝住壁觀，無自無他，凡聖等一，堅住不移，
更不隨於文教，此即與理冥符，無有分別，寂然無為，名為理入。」

捨妄歸真，如何能做到呢？

捨棄妄想，認清這些使我們煩惱、苦難的不速之客，
原來都是可以不必理會的。
真正的本性，才是我們自己，也才是主人。
把不必要的不速之客趕出去，
恢復主人原本應有的主宰地位，這就是捨妄歸真。
怎麼做？完全看自己。
反正非自己做不可，別人是幫不上忙的。
可惜大多數人看不清、想不通，當然也就做不到。

壁觀禪法不是很有效嗎？

當然。
「凝住壁觀」的「凝」，即是凝住我們的神，
使其有如石壁那樣平靜而不動搖。
任何事情，對石壁來說，都可能發生，也都可以發生，
但是絲毫不會產生影響。
當我們的心像石壁那樣，

就不會有自己和他人的分別。
無自也無他，凡人和聖賢不就相等了嗎？
倘若能夠堅住不移，
更不必隨著各種文字的教誨而起舞，
就不會因為到處學道，而迷失了自性。
否則愈學腦筋愈不清楚，
心思也愈加紊亂，何苦來哉！

不是要尊敬聖賢嗎？怎麼又說「凡聖等一」呢？

聖賢值得我們尊敬，因為他們知道人的本性是等一的。
要不然，憑什麼被尊稱為聖賢？
我們尊敬聖賢，其他部分也許趕不上他們，
但是在「凡聖等一」的部分，卻是可以仿傚的。
「凡聖等一」，並不是沒大沒小，
更不是我和聖賢一樣，要受到大家的尊敬。
「凡聖等一」是指本性均等，各人仍須善自發揚，
否則不可能一視同仁。
堯何？人也。
舜何？人也。
我呢？也是人也。

人真的是生而平等的嗎？

常謂「人生而平等」，可惜一生下來就不平等。
因為本性等一，而後天所承受的污染和因應的方式不一樣，
所以反而不平等。
換句話說，本性相等，好比是建築物的基礎；
而習性不一，則是建築物的上層。
看不見的部分，等一；
看得見的部分，不等一。

「與理冥符」，是什麼意思？

「與理冥符」的「理」，是指「理入」的理，
便是我們所聽、所聞、所深信的理。
一般人喜歡說「真理」，我們只能說「道理」。
真理不可能顯現，所以知道的人非常稀少。
我們常人頂多明白道理，就已經很不容易了。
要做到無自無他，便是無有分別
能夠捨妄歸真，那就是寂然無為。
已經和道理暗自相符合，
可以名正言順地說：「理入」了。

〈易傳〉也說「寂然不動」，是不是同樣的情況呢？

〈繫辭上傳〉說：

《易經》本身沒有思慮，也沒有作為，它寂靜不動，

卻能通過陰陽交感，而終於通曉天下萬事萬物。

假若不是天下最神妙的道理，

又有誰能夠達到這樣的境界呢？

寂然不動，客塵妄想就發揮不了作用，

一切隨順自然而為，當然與理冥符了。

「客塵」指的是什麼呢？

我們常說「來者是客」，可見「客」是外來的。

「喧賓奪主」，表示來客竟然搶奪了主人的位置。

那「塵」是什麼呢？

我們生來就有「六根」：眼、耳、鼻、舌、身、意，

也就是眼睛、耳朵、鼻子、舌頭、身體、意識，

因而產生色、聲、香、味、觸、法的現象，稱為「六塵」。

我們的本性原是光明的，可惜被「六塵」所覆蓋、掩沒，

以致產生很多妄想，迷失了自己。

能不能斷絕「客塵」的來路呢？

聽起來好像是一種治根的法寶，
把來路截斷、阻絕，讓「客塵」進不來，不就好了？
這樣做聽起來很好，但實際上卻行不通。
因為人要生活，不能不透過六根來因應環境的變化。
換句話說，
除非死亡，我們不可能斷絕「客塵」的來路。

「死在生前方為道」，行得通嗎？

死在生前，
從看得見的角度來思慮，根本做不到，
可見它是指看不見的變化。
明明活著，卻能夠像死了那樣，
不生妄念、沒有妄想，
這就是修道有成，太有意思了！

那不是行屍走肉嗎？

當然不是。
行屍走肉，是明明活著，卻和死人一樣沒有感覺，任誰看了都討厭，自己活著也沒有意義。
死在生前，更不是哀莫大於心死，
應該是如常地生活，卻能夠不生妄念，沒有妄想。

能不能舉例說明？

有一位修道人，和大家一起看電視。
有人笑他：「修道人應該六根清淨，看電視做什麼？」
他回答：「我沒有在看。」
大家都很惱火：「明明在看，還敢扯謊！」
他說：「我只是看看大家在看什麼，我根本沒有看。」

說真的，還是假的？

當年釋迦牟尼毅然決然，捨棄豪華的生活，
在半夜裡偷偷離家，丟下美麗的妻子和初生的孩子，
費時七年，從一位老師轉到另一位老師，
為求解答那似乎沒有答案的問題。
最後，終於成了佛，
這是真的，還是假的？

接下去呢？

當大家都熱衷於悟道，熱心聆聽佛祖的教誨時，

釋迦牟尼佛祖卻說：「佛在我們心中。」

達摩更是直指人心的說：「佛即是心。」

到底是真的，還是假的？

佛即是心，那心又是什麼呢？

太好了！

達摩祖師爺說：「心即是空。」

「佛即是心，心即是空」，

這八個字要合在一起想，不適合分開來看。

當我們做到「心即是空」的時候，

我們才有資格說：「佛即是心」。

為什麼「心即是空」呢？

首先，

空並非無，空不是沒有。

空是達摩所說的：

「終日動而未曾動，終日言而未曾言，終日笑而未曾笑。」

心能放空，自然明白心的真實意義。

手腳可以忙，心不能忙。

怪不得釋迦牟尼佛祖說祂未曾說得一字？

太好了。

釋迦牟尼佛祖說法四十九年，

最後卻說：「未曾說得一字。」

一般人會認為要不是在開玩笑，便是扯謊，

甚至於可以說是不敢負起責任。

實際上，這就是空。

有沒有這方面的公案呢？

有一個人在荒野中遇到老虎。

他在前面逃，老虎在後面追。

當他跑到一處懸崖邊，抓住野藤的根，

把自己懸在崖邊。老虎在上面用鼻子嗅他，

他渾身發抖，向下面看時，發現下面還有一隻老虎。

這時候，他看到身邊長著可口的草莓，

他一手抓住藤，一手摘草莓，味道多麼甜美呀！

這樣的人，是不是太麻痺了？

怎麼會呢！

他一定是了悟到：過去心已經過去了，當然抓不住；

未來心還沒有來，何必去抓它；然而現在心又在哪裡呢？

反正不是過去，就是未來，

所以現在心，就像當年慧可回答達摩的話：根本找不到心，心已經空了。

所以達摩才說：「我已經把你的心安好了。」

原來這就是《金剛經》所說「應無所住而生其心」？

太好了。

心既然無所住，就不住在過去、現在、未來。

找不到心，心就空了，也就安了。

問題是我們明白了，實際上卻用不出來。

因為我們只是把它當成學問來做、當做經典背誦，

卻不能在心中澈悟，當然無法實際運用。

能不能說一則實際運用的故事？

有兩個和尚，在日常沿門托鉢時，偶然碰到路上有一個大泥坑。

有一個少婦，正好也走到那個地方，唯恐弄髒衣服而不知如何是好？

其中一個和尚毫不猶豫地伸出手，幫助少婦走過泥坑，然後繼續向前行進。
經過長久的沉默之後，另一個和尚忍不住提醒他：
「所有與女人有關的事情，都在佛門嚴格禁止的範圍內。」
但是，那個被指責的和尚卻輕鬆地回答：
「我早就已經把她放下了，你怎麼還背得這麼辛苦？」

可見知是知，行是行，應該如何並重才好？

達摩祖師爺說入道多途，不外乎「理入」和「行入」。
但不論是「理入」或「行入」，都必須朝向「捨妄歸真」此一共同目標。
如果「捨妄歸真」是太極，「理入」和「行入」便是兩儀。
一分為二，還需要二合為一，才能夠即知即行。

「理入」，要入哪些基本的理呢？

一：人人都可以成佛，但是，有一個必要的基本條件，
那就是心能放空。只有心即是空，才能佛即是心。
二：心要放空，就必須不執著。終日動而心能不動，
就像壁看起來平，實際上並不平；
壁看起來不動不搖，其實時時刻刻都在動搖。
三：心即是空，不能當做學問來研究，必須在生活中實際體驗、領悟。

一旦澈底覺悟，便離成佛不遠了。

難道成佛是我們修練的目標？

成佛根本不是我們所要的。
心心念念要成佛，大多不能如願，
因為心已經不空了。
能不能成佛？不應該是我們去想的事情。
我們的心理力量，總是消耗在追求這個或那個目的上面，
以致沒時間好好聆聽自己內心的呼聲。

為什麼要聽自己內心的呼聲呢？

在我們內心深處，
有一種代表真正自我的呼聲，也就是良心之聲。
換句話說：
有一座良心廣播電台，一直安置在我們內心深處，
每天二十四小時，全年無休地發出呼聲，
可惜我們經常不理會它。
殊不知，我們只有聽見並接受這個呼聲時，
才能夠找到真正的自我。

壁觀禪法可以聽到真正自我的呼聲嗎？

當然。面對著牆壁，一心一意地打坐。
不要注意自己的觀念和幻想，
只注意打坐本身，也就是集中精神於打坐，
避免分心的接觸和活動。
將這種一心一意的境界，逐漸由靜態的打坐，
擴大到我們所有動態的活動中，
自然就會感受到一種充滿活力的平和境界。

怎麼才能一心一意地打坐呢？

對於那些想在實際體驗之前，便獲得答案的人，
我們只能建議：打坐看看吧！
唯有從實際的打坐經驗當中，去體會、去領悟，
才有可能真正獲得答案。

什麼是真正的自我呢？

這個問題和打坐一樣，
不應該從理智上去瞭解，卻必須從實際上去體驗。

我們只能說：真正的自我，來自一心一意的打坐。

由丹田自然呼吸，不想是，不想非；不想善的，也不想惡的。

精神集中，但是並沒有思慮。

這樣，真正的自我就出現了。

那要怎麼「行入」呢？

達摩祖師爺《四行觀》說：

「行入者，謂四行。其餘諸行，悉入此中。」

「行入」就是「四行」，「四行」便是「行入」的總合。

什麼叫「四行」？

意思就是四種行入的方式。哪四行呢？

《四行觀》接著說：

「何等四耶？一、報冤行，二、隨緣行，三、無所求行，四、稱法行。」

其餘諸行，都包含在這四行之內。

什麼叫做「報冤行」？

《四行觀》指出：

「云何報冤行？謂修道行人，若受苦時，當自念言：

我往昔無數劫中，棄本從末，流浪諸有，多起冤憎，違害無限。」

「修道行人」，便是修行的人。

「修」為理入，「行」則是行入。
當修行人受到苦楚時，應當告訴自己：
「我在過去無量時空中，捨棄了本性，盲從欲望。
流浪在諸有之中，造成很多怨恨和憎惡，以致違背理性、傷害別人，
帶來無限的罪業，實在十分無奈。」

真的有「無數劫」嗎？

能量不滅，我們的靈魂是不死的。
這一生的軀體，供我們使用若干年之後，毀壞了，可以丟棄。
但是靈魂離開軀體時，並不會隨著軀體死亡，仍然能夠另覓去處。
這樣一世又一世，稱為「無數劫」，
也就是歷經很多時空的變化。

人真的有靈魂嗎？

有些人認為根本沒有靈魂，
他們理直氣壯地說：「我不認為有靈魂的存在。」
那麼，我們可以請他們換句話說：「我是一個沒有靈魂的人！」
結果呢？大多不再說話了。
誰願意做一個沒有靈魂的人呢！

靈魂和禪有什麼關係？

老子說：

「吾所以有大患者，為吾有身；及吾無身，吾有何患？」

我們的大患，來自我們的身體。

如果沒有身體，我們會有什麼大患呢？

但是，老子並沒有要我們忘掉身體，甚至於毀棄身體。

他主張大家應該「貴身」，

把自己的身體當做寶貝來看待！

為什麼要「貴身」呢？

因為靈魂倘若沒有身體的協助，

就等於沒有手也沒有腳，做什麼都很不方便。

「貴身」的用意，在於珍惜自己的身體，

但是要好好配合靈魂的要求，做到身體和靈魂合一。

身體為什麼不服從靈魂呢？

因為身體容易受到外來的誘惑，產生縱情縱欲的貪求。

珍惜身體，把身體當做寶貝看待，便應該清靜寡欲，

自然而然，漠視外在的名利寵辱，轉向內在的靈魂，

以求身體與靈魂能夠密切配合。

為什麼要配合靈魂的要求呢？

因為人的不幸，是由於嗔怒、自傲、好色等等習性所造成的後果。
倘若能夠轉化為寬大、謙遜、合理節制各種欲望，
便可以消滅我們的不幸。

那不是心在決定嗎？

太好了。當我們說「身心健康」的時候，
談的是「身體」和「心靈」。
這時我們的心，是和靈魂合在一起，稱為「心靈」。
「佛即是心」，「心」即是空的心，原本指「心靈」。
但是，由於心背叛了靈，和靈的距離愈來愈大，
這才造成身、心、靈三者鼎立的可怕局面。

為什麼可怕呢？

因為「心」一旦和「靈」分開，很可能偏向身體。
我們把「心」稱為「心智」，「靈」叫做「靈魂」。

可怕的是，
心智逐漸向身體靠攏，告訴身體快樂就好，
以致現代人只知道追求快樂，卻帶來更多的不快樂。

心智為什麼要這樣做呢？

「心」和「靈」分開之後，心想要爭取主宰的地位。
為了和靈魂抗爭，很自然的，就會想要利用身體。
因此，身體和靈魂就會愈來愈遠；
和心智卻愈靠愈近。
所以很多以前的寶訓，都由於心智的轉變，
而用一句：「時代不同啦！」來加以更改，
還美其名為〝Change〞！

為什麼忽然蹦出一個英文字呢？

因為近四百年來，西方科技發達，
人類的物質生活快速發展，五花八門，弄得大家眼花繚亂。
心智利用這種優勢，假公濟私地高喊求新求變，
以拉開和靈魂的距離。
最早是由西方人口中喊出，
原文就是〝Change〞！

求新求變真的那麼可怕嗎？

人的不幸來自一種事實，
那就是我們總是在欲求某些東西，或執著於自己所擁有的東西。
倘若能夠放棄這些東西，學會如何讓內心擺脫身外之物的束縛，
那就心即是空了。

為什麼心一定要空呢？

一切都是空的，這是事實。
偏偏很多人不相信，所以才需要修行。
實際上，當我們一口氣提不上來，
臨終之際，就會知道一切都是空的，
沒有任何東西可以帶走。
但是，我們為什麼不想想：早一點知道有多好！
早一小時、早一天、早一年、早十年，
真的是愈早愈好！

心怎麼能空呢？

心如果覺悟：

事情對我如此不利，並且這樣嚴重，
從此刻開始，決心要反其道而行，
和靈配合，共同來約束身體，
使其自愛而值得珍惜，也就是貴身而輕名利，
如此一來，
心就會愈來愈平靜，人就會愈來愈安寧，
心便空了。

為什麼說「棄本從末」呢？

靈魂是太極，也就是一。
一生二，靈魂生出身體和心智；
二生三，身體和心智互相勾結，不斷接受外界的誘惑；
三生萬物，因此產生萬有、萬物、萬法，稱為娑婆世界。
一是本，其他都是末。
我們捨棄靈魂，離開本性，
愈來愈專注於二生三、三生萬物，卻不能九九歸一，
這就是棄本從末，回歸不了原點。

棄本從末有什麼後果？

不能回歸原點，只好流浪諸有。

人死亡時，表示這一生最後一次靈魂離開身體，
不再回來，也回來不了！
這時候靈魂帶著心智，四處遊蕩。
由於習性的影響，還在留戀諸有，
很容易被生前所喜愛的東西吸引，附著在它的身上。
想回老家，對現代人來說，比往昔更加困難呀！

倘若被石頭吸引，會怎麼樣？

生前過分迷石頭，死後心智迷上石頭，
靈魂也就跟著附著在石頭上，變成迷石頭鬼。
生前過分迷電腦，死後變成迷電腦鬼。
生前過分迷……，死後變成為迷……鬼。
這就是自作自受，怨天尤人都沒有用，只好怨自己。
所以流浪諸有，必然多起冤憎，真的是違害無限。

現代人的靈魂怎麼會如此軟弱呢？

靈魂被身體囚禁，使我們成為不由自主的人，
喪失了自主性，這種情況歷來已久。
靈魂不得不把心智分出來，

希望藉由心智來約束身體，用理智來指導感情，
但似乎也愈來愈沒有效果。
靈魂由一分為二，卻很難由二合為一，
怎麼能不軟弱呢？

為什麼二合為一那麼困難？

科學原本由哲學分出來，
不料在分出很多科學之後，人們卻宣佈哲學這位母親已經死亡。
認為有了科學，便可以捨棄哲學。
這種棄本從末的觀念，深深為心智所相信，
以致棄靈魂而從身體，
弄得忘記了我是誰？

我們果真忘記我是誰嗎？

一個人有好幾層皮，覆蓋著內心深處。
人認識很多很多東西，就是不認識自己。
因為有很多層堅厚的皮掩蓋著靈魂，
使靈魂被重重厚皮所囚禁。
身體有幾個孔竅，就有幾個皮球堵塞住。
我是誰？真的忘記了！

為什麼天地要把人造成這樣？

靈魂造出身體，原本是一番好意，可以藉著身體修行。
想不到身體愈來愈不受約束，反過來囚禁了靈魂。
靈魂再度造出心智，希望藉由心智來制約身體，
想不到心智卻棄本從末，不理會靈魂的呼喊，
造成累世的惡業，卻難以自拔。
這和天地有什麼關係？應該是人自作自受。

有辦法挽救嗎？

有，
只有一條路走得通，
那就是：自救，自己救自己。
釋迦牟尼佛祖沒有辦法普渡眾生，
說法四十九年，
都在啟示人們必須自救，一切靠自己。
中華禪宗始祖達摩，同樣告訴大家：
「直指人心，見性成佛。」
心一回頭，不再縱容身體；
心能歸一，認識靈魂才是真我、本我、本性，

也才是主人，不就自救了嗎？

這樣就能成佛了嗎？

且慢。

《四行觀》的「報冤行」，接著指出：

「今雖無犯，是我宿殃惡業果熟，

非天非人，所能見與，甘心忍受，都無冤訴。」

今天的我，雖然沒有犯錯，

但是累世所積下來的災殃，

那些惡果成熟了，仍然造出現在的苦難。

這種因果關係，既不是天，也不是人所能夠看得見的。

我們是人，當然看不見也摸不著，

只好心甘情願地忍受。

既不怨恨，也不能訴苦。

真的有因果嗎？

又來了。

棄本從末是因，流浪諸有是果。

我們先迷失了自己，然後才為非作歹。

心智先不正了，外界的誘惑才進得來。

這種因果關係，難道還不夠明白！
多起冤憎是因，違害無限則是果。
主要是因為我們的心離開了光明的靈魂，
所以才做出許多害人害己的事情。

好人未必有好報，是這樣的因果關係嗎？

當然不是。
好人有好報，是正常的因果。
但是，累世出現了很多惡業，難道就可以不報？
答案是當然要報。
既然如此，自己認為是好人，
必須經過客觀的認定，有沒有好心做壞事？
就算真的是好人做好事，還要檢查一下，
累世的情況如何？
這筆帳不是很好算，對不對？

這麼複雜如何算得清楚？

只要心裡明白，心中有數就好了。
好人一定有好報，倘若受苦受難，最好的辦法，就是反求諸己。

想想自己還有什麼做不好的，再加以改善。
如果一再改善，仍然受苦受難，那就是前面的欠債還沒有付清。
必須繼續清償，並且心無怨憎，也不到處訴苦，
以免更添負債，使自己更為受苦。

這種想法，是不是自我安慰罷了？

很多人就是抱持這樣的念頭，所以始終不能完成「報冤行」。
我們最好回到《四行觀》，接著看下去。
「經云：逢苦不憂。何以故？識達故。」
遭遇到苦難，先不要憂心煩惱。
逢苦必憂，是人之常情，
《四行觀》卻提醒我們，必須反其道而行之。
為什麼？因為只有逢苦不憂，
才能證明我們的認知，達到了真實的地步。
不一定是真理，但至少已經十分接近了。

逢苦不憂，怎麼做得到呢？

不立文字——
寫很多遍，讀很多遍，看很多遍，也想很多遍，實際上都沒有用。
以心傳心——

用自己的心，把逢苦不憂傳給自己的心。
逢苦時，立刻以心傳心，不憂不憂，
久而久之，習慣成自然。
讓「逢苦」和「不憂」，緊密連結在一起，永遠不分離，
那就自然而然，逢苦不憂了。

為什麼一定要逢苦不憂呢？

《四行觀》接著說：
「此心生時，與理相應，體冤進道，故說言報冤行。」
「此心」就是「逢苦不憂」的心，
當我們遭逢苦難，卻能生出此心，
那就與道理相應了，也就是離真理不遠了。
體會冤親債主的心情，並且加以寬諒，
我們自己便進入道了。
心存友善，過去的冤債，才有可能逐漸化解。

真的有前世嗎？

前世不一定是指這一輩子的前生。
因為前生看不見，所以很多人不相信，這也是人之常情。

若是把前世拉近一些，不就是以前嗎？
現在以前所發生的事情，有如前世一般，
很容易記不清楚，或者忘記了。
現在沒有得罪人，以前卻曾經得罪過。
現在是好人，往昔卻做過一些壞事。
現在很好，並不能保證有生以來，從不曾做壞事。

不是功過可以相抵嗎？

功過相抵，是學校的規定。
學校以外，哪裡可以功過相抵？
將功折罪，是一種權宜措施，
必須在很多條件的配合之下，才能夠將功折罪。
功是功，必賞；過是過，必罰。
這才是天律，也就是自然律。
做很多壞事，再來求菩薩、拜佛，是沒有用的。
倘若有用，我們將菩薩看成什麼？

吃苦等於吃補，好像是真的？

吃苦等於消除業障，受苦才能生出智慧。
不吃苦，業障長久存在。

一吃苦就怨恨，
舊的業障消除，新的業障又增加了。
業障使我們的抵抗力減弱，
吃苦可以消滅業障，當然等於吃補，
可用以增強我們的抵抗力。

吃苦還不能抱怨，太難了吧？

只要以心傳心，牢記逢苦不憂，
凡是苦難到來時，先自我反省，
一定是自己說錯了什麼話，做錯了哪些事情。
把矛頭朝內，不再向外發洩，便能吃苦而不怨憎。
方向一改變，心態自然大不相同，
有什麼困難呢！

「報冤行」是不是回報自己的冤呢？

能夠這樣想，真是太好了！
一般人總認為是冤親債主太小氣，緊逼著要討債。
其實自己所累積的怨恨，能夠消除掉一些才是好的，
而且消除得愈快愈好，消除得愈多愈好。

能報冤，對自己的修行大有助益。
找機會回報，當然逢苦不憂，
豈非好事一樁！

能不能把「報冤行」完整地說一遍？

「云何報冤行？
謂修道行人，若受苦時，當自念言：
我往昔無數劫中，棄本從末，流浪諸有，多起冤憎，違害無限。
今雖無犯，是我宿殃惡業果熟，非天非人，所能見與，
甘心忍受，都無冤訴。
經云：逢苦不憂。何以故？識達故。
此心生時，與理相應，體冤進道，故說言報冤行。」

不是他人來討，而是自己找機會回報？

他人來討，是自己缺乏自主性，
不能夠自動找機會回報。
自己明白報冤的道理，找機會回報，
化被動為主動，自然逢苦不憂。
苦難時甘心忍受，都無冤訴。
逐漸消滅舊業，儘量減少新業。

修行靠自己，不假外求。

這樣，就不必拜佛了？

拜佛不拜佛，各人隨緣，
和他人扯不上關係，和報冤也沒有關連性。
所以《四行觀》又提出「隨緣行」，指出：
「隨緣行者：眾生無我，並緣業所轉，苦樂齊受，皆從緣生。」
「眾生無我」，意思是沒有自我意識，
也就是不可能以自我為中心。
一切一切，都緣於所造的業而轉，
有時痛苦，有時快樂，都是從緣生出來的。

為什麼沒有「自我」的存在呢？

我們常常欺騙自己，說什麼我要如何、我要怎樣。
實際上，誰知道自己的下一個念頭是什麼？
誰明白自己的下一個年頭會怎樣過？
倘若這些都不能控制，那自我存在與否，
豈不成了大問題？

「我要」卻不一定如願，是什麼原因？

我們是自然的一分子，必須順應自然。
但是，我們偏偏要執著於自我的存在，
甚至於肯定「人定勝天」的力量。
達摩祖師爺在「隨緣行」便開宗明義指出：
「眾生無我」，指出所有的人，其實是沒有我的。
「我要，我要」，是我們從小就常掛在嘴邊的話語。
但是，「我要」的結果，大多是不能如願的。
要不然，為什麼說「不如意事，十常八九」呢？
我要能成、我要不能成，牽涉到很多因素。
並不是「我」所能夠片面決定的，所以說「眾生無我」。

什麼是「並緣業所轉」？

「緣」指因緣，
「業」就是我們的所思、所作、所為。
有因必有果，
有佛緣的人，表示與佛的因緣深，自然會拜佛、與佛親近。
與佛無緣的人，對佛的認識不夠，把佛當做神，
以致誤解為是在拜偶像。
中華民族拜天地、拜祖先、拜聖賢，這些都不是拜偶像。

佛是覺悟的聖賢，佛教是無神論，這點很多人都不明白，這就是緣分不足所造成的業。

業都是壞的嗎？

這也是不合理的誤解。

學業是壞的嗎？功業難道不好嗎？業績難道沒有良好的？可見業有陰陽，也就是有好也有壞。

我們造善業，自然有好報。

倘若造惡業，結果如何，實在可想而知。

這種因果，可以說不證自明，人人心中有數，若要死不承認，我們也加以包容。

為什麼？因為自作自受呀！

來到佛寺，不論如何總是賓客，對主人打躬作揖，是一種禮貌。

禮佛不一定代表拜佛，至少表現出修養，結了善緣。

到底什麼叫做「緣」呢？

同樣的因，未必能夠產生相同的果，這是什麼緣故？

答案已經顯示出來了，就是：「緣」不一樣，所以「果」也不相同。

緣有三層意義：

第一是機會。沒有機會，當然是無緣。倘若無緣相遇，還有什麼機會呢？

第二是互動。有機會卻不互動，等於沒有機會。

互動的情況不相同，所產生的緣就不一樣。

第三是關係。互動的效果，呈現出某種不相同的關係。

各種關係的總和，便稱為緣。

因緣是兩回事，還是一回事？

這樣的問題，最合理的解釋，應該是「一而二、二而一」。

說它們是兩回事，卻是一回事，

要不然，為什麼我們常說「因緣俱足」、「美好因緣」呢？

說它們是一回事，卻明明是兩回事，

要不然，我們怎麼會覺得「有緣無份」？

為什麼「無份」？就是缺乏「因」呀！

有「因」還要有「緣」，二者合一才能起作用，才可能產生「份」。

有「因」沒有「緣」，有「緣」卻找不到「因」，同樣都不可能開花結果。

因緣兩者相依，缺一不可。

倘若合不起來，也就稍遇即散了。

為什麼「皆從緣生」呢？

宇宙萬物的生成與滅亡，皆是由因緣所造。

「因」是主要條件，「緣」為輔助條件。
「因」是原因，「緣」為助緣。
由因緣和合所產生的事物，叫做「果」。
任何事物，不可能無因而生。
但是，有因無緣，也不能生。
必須因緣俱足，才能結果。

那為什麼不說「皆從因生」呢？

「因」是不滅的，隨時存在。
我們有身體，人人都一樣。
然而所產生的變化，則是每一個人都不相同。
這是由於各人所遭遇的「緣」各有不同，所造成的個別差異。
「因」不滅，不論時間久暫，
遇到「緣」，就會出現不同的現象，
所以我們還是說「皆從緣生」。

我們能不能主宰呢？

《易經》告訴我們，一切都是自然的。
既沒有上帝的主宰，也沒有天神的支配。

萬事萬物，都是果由因生，順理而成，自作自受。
佛教的說法，也是如此。
想來這也是佛教源起於印度，
卻盛行於中國的一大因緣。

什麼叫做自然？

自然自然，便是自自然然。
凡是我們「知其然，而不知其所以然」的，就叫做「自然」。
一旦「知其所以然」之後，我們往往會起心動念，
想要加以控制，加以改變，並且自鳴得意地把它稱為「智識」，
甚至於大聲疾呼：「智識便是力量！」

難道「智識」不好嗎？

有陰就有陽，陰陽不分家。
智識有好有壞，也有真有假。
最可怕的是：
好的會變壞，而真的也含有假的部分。
弄得真真假假、假假真真，實在難以分辨，
這才造成很多糾紛，增加很多苦惱。

我們不是可以選擇嗎？

這就是主要的關鍵：
我們可以選擇，事實上卻無從選擇。
我們能夠選擇的時候，偏偏又缺乏選擇的能力。
就算具有選擇的能力，
也沒有那麼多選項，可供我們自由選擇。

是不是只好順其自然呢？

順其自然是對的，聽其自然就不好了。
「順其自然」是接受緣生緣滅的自然法則，
抱持「萬般都是緣」的心態，一切隨緣就好。
「聽其自然」則是自己毫無作為，簡直和活死人沒有兩樣，
那不是行屍走肉嗎？當然不好。

那該怎麼辦呢？

先接下去看《四行觀》「隨緣行」的幾句話：
「若得勝報榮譽等事，是我過去宿因所感，
今方得之，緣盡還無，何喜之有？」

如果我們得到某些殊勝的果報，帶來若干榮譽等事，那不過是由以前所種的因感召而來，今天才能得到。經過一段期間，因緣盡了，一切又將回歸於無，有什麼值得欣喜的？

為什麼說果報呢？

對「因」來說，所產生的結果，就稱為「果」。但是這個「果」，對造因的人來說，便是「報」。事物只有「因果關係」，人才會有「因果報應」。因為人有感覺，所以認為這是一種報應。一方面自作自受，一方面要為日後著想，多種善因。

「多種善因」是什麼意思？

善因不生惡果，惡果不由善因。俗話說：「善有善報，惡有惡報；不是不報，時辰未到」。我們多種善因，將來不一定生出善果，至少可以不生或是少生惡果，對我們的未來，必定有所助益。

為什麼種善因不一定生善果呢？

問題出在「時辰」上面。
善有善報，種善因必得善果。
時未到，善果尚不能出現；
時已到，倘若善果還不出現，
那就是我們看不見的過去所種的惡因，現在才產生果報，
和我們所種的善因，並沒有牽連，
只是我們不容易看清楚而已。

宿因的時間有多久？

「宿」指過去，而過去非常漫長，
過去還有過去，根本找不到最初的源頭。
我們常常感嘆「好心沒有好報」，
其實是因果對不起來的緣故。
如果對得起來，就不致有這樣的感慨！
「宿」可以是昨天晚上，也可能是久遠又久遠，
甚至是無盡的久遠之前……誰知道！

有沒有因果律呢？

當然有。

「果由因生，事待理成，有依空立」，
這就是「因果律」的三個原則。
無因不生果，有因有緣必然生果，所以說「果由因生」。
有生必有死，有成必有滅，
這是必然的道理，所以說「事待理成」。
凡是存在的，最初都是不存在的，
凡是「有」，必定依「空」而立，所以說「有依空立」。

「緣盡還無」，是什麼意思？

緣會生，就會盡。
這種自然的變化，就是因果所遵循的理則。
緣生的時候，原來的因，受到緣的互動，便產生果報。
等到緣盡的時候，一切又復歸於無。
這種無變有、有變無的情況，也是正常的理則。
緣生而有，緣盡即無，
和陽極成陰、陰極成陽，是一樣的道理。

那麼，我們不能夠有喜怒哀樂的感覺了？

喜怒哀樂，是我們與生俱來的感覺。
一個人如果連這種感覺都沒有，豈不是沒有人情？

生活有什麼樂趣？做人又有什麼價值？
我們不但不能沒有喜怒哀樂的感覺，
也不能完全不表現出喜怒哀樂的情緒。
把情緒全部壓抑在心裡，只會悶出病來，使人更加痛苦。

不是眾生無我嗎？

太好了。
眾生無我，並不是沒有我的存在，
也不是不允許我有感情的展現。
「無我」的意思，應該是「無我執」。
沒有「我的執著」，並不是沒有「我」。
我是實實在在的，怎麼能夠說無即無？
喜怒哀樂的情感人人都有，
只要合理表現，不要執著，順其自然，便是無我。

「何喜之有」是什麼意思？

「何喜之有」，表示喜訊到了，
喜事來臨，心中喜悅，禁不住流露出來，這是正常的人情。
但是，喜過了，也就算了。

不要喜了還要再喜，一心一意追求再喜，並希望愈快愈好……

自己喜悅還不夠，要到處張揚，要求他人與自己同喜。

甚至於有人不喜，就要施加壓力，予以指責，

有時還要勉強他人懂得分享的道理，那就不免種下惡因了！

經文接下去怎麼說的？

《四行觀》「隨緣行」接著說：

「得失從緣，心無增減，喜風不動，冥順於道，是故說言隨緣行。」

「得」，是令人欣喜的結果。

「失」，是使人傷心哀痛的事情。

得失心重，煩惱痛苦也就跟著多起來。

一切隨緣，得失還是得心，

內心都不隨之起伏，那就是「隨緣行」了。

得失心不是每個人都有嗎？

當然。

富與貴，人人都想得到；貧與賤，大家都不想要。

然而，想要就一定得要到、想去就必定得去掉，

這種得失心，是最要不得的。

「有心栽花花不開，無心插柳柳成蔭」，

就在告訴我們：存心做好事，根本就不真心。
倘若不真心，想要就要不到。

不是說「心想事成」嗎？

除了「心想事成」，還有另一句話叫做「事與願違」。
到底是「心想事成」？還是「事與願違」？
答案是：「不一定，很難講」。
我們站在「很難講」的立場，才敢這麼講：
「真心想事，事就會成；不真心發願，所發的願不可能兌現。」
一定如此嗎？不一定。
因為還有其他的助緣，需要兼顧並重，一併考慮。

我們不是鼓勵年輕人要立志嗎？

那也很可笑。
倘若立志代表太極，有陰有陽，
那麼立志做大官，是陰；立志做大事，才是陽。
立志把學問做好，不過是陰；立志把道德修養好，才是陽。
真心立志，實際上很不容易。
寫作文是給老師看，寫日記怕別人看，

寫文告動機何在？留遺囑也可能別有意圖。
要不要立志？很難講。
有沒有作用？不一定。

「得失從緣」做得到嗎？

天底下的事情，原本有得就有失，有失也有得。
好比陰陽不分離，永遠分不開。
我們看到「得」，它就是陽；
這時候「失」成為陰，只是看不見而已。
得與失，依然同時並存。
既然有得有失，何必計較？
只要充分領悟這個道理，得失心就會減少，
煩惱痛苦也會隨之減輕。

「心無增減」指的是什麼？

心無增減，就是當年蘇東坡所說的：
「八風吹不動。」
佛家所說的「八風」，也稱為「八法」，
那就是：「利、衰、毀、譽、稱、譏、苦、樂」。
因為這「八法」經常搧動人，所以叫做「八風」。

看清楚，想明白，
這「八風」都是一正一負，象徵一得一失。
可以分成「利衰」、「毀譽」、「稱譏」、「苦樂」四對，
有如《易經》的四象，
由陰（失）和陽（得）互動而造成。

真的能「喜風不動」？

「喜風不動」，也包括：怒風不動、哀風不動、樂風不動。
什麼都不動，便成為我們所說的「平常心」。
什麼都不動，並不是沒有感覺，
而是不讓感覺影響我們的生活。
只要得失從緣，很容易達到「喜風不動」的境界；
倘若不能「喜風不動」，就表示還不能得失從緣。

看來重點還是在「冥順於道」？

「冥」的意思是看不清楚、難以瞭解，並且無法控制。
「冥順」相當於「暗合」，沒有辦法列出一張清單，
把程序和方法具體可行地寫下來。
因為「道」並不是一條單行道，

甚至於大到各人有不同的生存之道。
順不順，各有不一樣的要求，也各有不相同的標準。
既然隨緣行，我們就應該明白：
各人的「緣」不盡相同，
所順的「道」也不一定相似，
只能說冥冥中自有主宰，各人自作自受。

不是說「沒有主宰」嗎？怎麼又說「冥冥中自有主宰」？

能說得清楚的主宰，就不是主宰。
說不清楚的，好比一隻看不見的手，那便是主宰。
「眾生無我，並緣業所轉，苦樂齊受，皆從緣生。」
這就是主宰。
機會、互動、關係的變化，也是主宰。
果由因生，順理而成，自作自受，難道不是主宰？
可能是主宰的因素很多，所以才說不清楚。

看來還是「無我」最為根本？

那當然。
我的存在，太明顯了。要無我，實在很不容易。
一言一行，都是我在主宰。所有結果，都非我負責不可。

一定有我，我一定存在。
在這種情況下，要說無我，真的不知從何說起？
把我忘掉，不過是忘我，離無我還十分遙遠。
但是，我們似乎可以從這裡著手：
我是這個人，然而這個人並不是我。

為什麼這個人並不是我呢？

一個人，有身體也有心靈。
通常我們只看到身體，不可能看見靈魂。
所以我們只說身心健康，並不理會靈魂健康與否。
一般來說，「這個人」指的是這個人的身體，
頂多在看不順眼時，我們會說：「這個人的心智有問題。」
至於靈魂，往往和「這個人」扯不上關係。
但實際上，靈魂才是真正的「我」。

憑什麼說靈魂才是真我？

身體是我們的工具，
備有耳、目、口、鼻、皮膚等五種器官，負責傳送訊號，
經由腦的判斷，瞭解我們當前的處境。

但是，同樣的處境，每一個人的感受卻不相同，
這是什麼原因？
原來我們如果僅憑外界的訊號而產生感覺，不過只是「動物人」；
必須透過靈魂來加以研判，
才能成為萬物之靈的「真人」。

這樣說起來，大多數的人都是「假人」？

是的。但說是「假人」，
又會引起很多誤解，造成很大的爭論。
我們可以比照義肢，把這種並非真我的我，稱為「義我」，
應該更加容易理解。
手臂斷掉了，裝上一副義肢，
功能和原來的手臂也許十分相近，
但是，我們能夠把這副義肢當做真的手臂嗎？
當然不能，是不是？

「義我」和「真我」有什麼區別？

當我們用手打人的時候，
倘若有人問：「誰打的？」
我們通常回答：「我打的。」

不至於回答：「手打的。」
可見手是打人的工具，
打人的責任並不在手，而在於擁有這隻手的我。
手打人，我負責，就是「義我」和「真我」的關係。
反過來，手挨打的時候，我就要承擔痛苦的感覺，
可見兩者關係十分密切。

腦可以代表「真我」嗎？

不行，因為腦只是我的思想器具。
科學已經證明，我們看不到眼外的實物。
我們在視覺神經元的內端，
也就是腦海視覺區所能夠看見的，
不過是由視覺現象所形成的物像，
並非眼外的真物。

不是說「眼見為真」嗎？

「眼見為真」這句話的意思，
並非指眼睛所看見的都是真的，
反而很清楚地告訴我們：把眼睛所看見的，當做真的。

因為既然看不到真的，只好以眼見為真，把眼睛所看到的虛物當做實物，把假象當做實象，這是無可奈何的事情。

為什麼要欺騙自己呢？

「眼見為真」，就是要我們別欺騙自己，符合儒家「毋自欺」的根本要求。誠實地告訴自己：「我們根本看不到真物。」現代科學家也坦誠地表示：「科學不能找到真相，它只是一條接近真相的線——愈來愈接近，卻永遠不能說明真相。」

看來歷史也有同樣的限制？

歷史經常為政治服務，不容易把真相說出來。因而有正史，就有野史。有人相信，也就有人老想翻案。這種現象，符合一陰一陽之謂道，自然而然，我們最好見怪不怪，隨緣就好。

怎樣由「義我」找出「真我」？

太重要了！

雖然所看見的，並不是真的，大家卻習於眼見為真。

因為身體很容易看到，所以長久以來，

大家一直把身體當做「真我」。

現在我們既然明白身體是「義我」，並不是「真我」，

那麼就應該用「靈」，來辨識「義我」和「真我」。

為什麼要用「靈」來分辨呢？

因為我們的知識，有正必有負。

我們所認為的知道，實際上含有不知道的部分。

孔子說：「知之為知之，不知為不知」，

便是告訴我們：知識有兩大部分，

一部分為「知之」，一部分為「不知」。

「知」的部分，由腦來負責；

「不知」的部分，就需要由靈來領悟。

怎麼分辨「真我」和「義我」呢？

我們看一幅畫，主要在看什麼？看靈氣，對不對？

畫中帶有靈氣，我們就說這幅畫是畫家的作品；

倘若畫中看不到靈氣，那就是畫匠的成品。
我們看人，同樣也要看這個人有沒有靈氣？
有靈氣，真人；沒有靈氣，八成是義人。
「真我」和「義我」，分野即在於：
有沒有靈氣？有沒有靈感？能不能靈活地自我調整？

為什麼要自我調整？

「義我」只有物質，缺乏靈氣。
這樣的人，好比機器人——
凡事被動，很少主動；只能順從，很不容易創造。
「真我」有靈氣，很靈巧，能夠適時自主地創造。
當然，自我調整也有兩種：一種合理，一種不合理。
合理的自我調整，即為知命。

知什麼命呢？

知道自己的命，才能夠適時下達合理的命令，
使自己及時做出合理的調整，
並且隨著時空的變遷而改變，做到唯變所適，
也就是合乎自然規律，
卻能夠自己做主，不聽命於其他。

孔子說「盡人事以聽天命」，是不是這樣？

孔子這句話，
很可能是熟讀《易經》、明白易理所產生的高明智慧。
人所能控制的，不過是方向、方法和方式的調整。
至於結果如何？
實在不是我們所能夠控制的。
所以只要自己問心無愧，確實盡心盡力，
得失如何？最好都欣然接受，也就是從緣而心不動。

真的有「天命」嗎？

《中庸》說：「天命之謂性」。
「命」字由「口」和「令」組成，表示「命令」。
「天命」是上天（自然）所下的命令，
由於天人合一，所以表現在人的性上面。
「性」字由「心」和「生」組成，
我們心中有數，所產生的意願，就稱為「性」。
人有共性，成為人類共同的天命。
我們也有不同的個性，那就是每一個人不一樣的天命。

「天命」和「道」有什麼關係？

宇宙萬物，不停地運動變化，構成「大道之行也」的景象。
物的運行，除了環境的因素以外，還有各自不同的目的。
這不一樣的目的，即為天命。
狗有狗性，牛有牛性，代表不相同的天命。
人有自主性和創造性，也是天命。
由於這種天命使然，
因此人所行走的道路，比一般動物複雜得多，
變化多端，有時甚至難以預料。

「冥順於道」是什麼情況？

我們常說「道法自然」，
並不是指在自然之外，還有一個道，
而是指道的本身，就是自然。
這裡所說的「法」，並不是仿傚、效法，
根本就是「等於」的意思。
《中庸》所說：「率性之謂道」，
遵循人性的自然，也就是順天命，
使其對於日用事物，都能夠合於當然的規範，
那就是人生的大道。

「冥順於道」的用意，道家和儒家也都有類似的說法。

儒、道、釋好像是一家人？

這句話實在十分重要。
中華文化最遺憾的，便是儒、道分家，
又把釋家當做外來的東西。
實際上儒、道兩家，只是從不同的角度來解釋《易經》的道理。
後來我們又發現，原來印度傳過來的佛教，
有很多觀念都和《易經》不謀而合，
因此透過《易經》廣大的系統加以包容。
如此一來，儒、道、釋一家，
便構成了圓融無礙的中華文化。

能不能把「隨緣行」也完整地說一遍？

「隨緣行者，眾生無我，並緣業所轉，苦樂齊受，皆從緣生。
若得勝報榮譽等事，是我過去宿因所感，
今方得之，緣盡還無，何喜之有？
得失從緣，心無增減，喜風不動，冥順於道，
是故說言隨緣行。」

重點在去除得失心？

可以這麼說。
因為人的苦惱、憂愁、憤恨，都來自於得失心。
只要能夠去除得失心，我們便沒有煩惱，
於是得失隨緣，心無增減，喜風不動，冥順於道，
也就無我了。
然而，只要人活著，就做不到這等境界。

為什麼人活著就不可能無我呢？

因為人活著，就要生活。
老子說：「吾所以有大患者，為吾有身，及吾無身，吾有何患？」
身體是我們的工具，
倘若沒有身體，靈魂空有理想，也無從實現。
我們要修道，就應該愛護身體，才有工具可用。
作賤寶貴的性命，並不是「冥順於道」。
愛護身體，就應該重視「義我」的喜怒哀樂，
使其發而皆中節，合理就好。

那該怎麼辦呢？

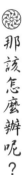

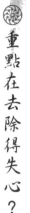

老子的主張：「為腹不為目，去彼取此。」

可以當做參考，走上無我的初階。

因為得失心的根源，主要在於「為目」。

看來看去、比來比去，總認為自己最吃虧，

因而憤憤不平，或者看不順眼，搞出很多不好的名堂。

倘若但求溫飽，而不追逐聲色的好奇，

便能夠保有安足的心態。

眼睛真的那麼厲害？

老子說：

「五色令人目盲，五音令人耳聾，五味令人口爽，

馳騁畋獵令人心發狂，難得之貨令人行妨。」

青紅黃白黑，五色令人眼花撩亂；

五線譜的音符，使人聽覺不靈敏；

酸、苦、甘、辛、鹹五味，導致味覺的錯亂；

縱情獵取禽獸，造成人心放蕩而難以制止；

稀有的物品，導致人們行為不檢、社會失序。

現代人習於追求感官的刺激，

打開眼睛看世界，心就發狂了！

那麼不看行嗎？

那也不行。
最好再一次仔細想想：什麼叫做「眼見為真」？
那就是原本不可能是真的，結果被眼睛看到了，還以為是真的。
這種自欺欺人的心態，務必自己修正，
才能做到不論外界怎樣變化、誘惑多麼強烈，
都能夠心如止水，不為所動。

心態有這麼大的作用嗎？

有一群孩子，在沙灘上堆沙子。
有堆沙城的，有堆沙人的，也有堆沙車的，巧妙各有不同。
有一個小孩，不小心把一堆沙城給踏壞了。
堆沙城的孩子怒火沖天，氣炸了！
把那個踏壞沙城的小孩打到跪地求饒。

結果呢？

到了黃昏時刻，大家肚子餓了，想回家了。
有個孩子在歡笑聲中，
率先將自己辛苦堆出來的沙象給踏碎、踩平。

大家看了，就像傳染病一樣群起模仿，
紛紛把自己的沙堆踩平，恢復了海灘原有的面貌，
然後大夥高高興興地回家去了。

心態怎麼會差那麼遠？

人往往在臨終時，才恍然大悟：
原來一切都是空的，什麼都帶不走。
此時，最遺憾的應該是：
為什麼不能早一點想通？
如果能夠早一點想通，那就還有時間補救，
不必抱著遺憾離開人世，那該有多好！
但是，來不及了！雖然有一百個、一千個不願意，
但也只能無可奈何地，死不瞑目啊！

看來「無我」還是可以領悟的？

《中庸》說：
人的本性是天所賦予的，從天命得來。
我們只要遵循天賦給我們的本性，
便能符合自然的規律，走上人生的正道。

現在的問題，是儒、釋、道各自強調自己的特殊可貴性。
三家比來比去，
都認為當然是我們這一家牌子最老、品質最好、效果最佳。
要信，當然要正信，只有我們這一家才是正宗的，
快來啊，不要迷失了自己，錯跪到別家去了！

這不是分別心嗎？

果然是慧眼，看得清清楚楚。
可惜旁觀者清，當局者卻往往真的很迷。
怕別人迷的，自己先迷；
說不要有分別心的，自己先表現出強烈的分別心。
從今而後，凡批評別家的，自己先檢討，這樣不就好了！
三家合一，
才是《易經》一分為三，三合為一的高明思維。

什麼叫做「一分為三」？

身體明明是真的，現在才明白原來是假的。
可是把身體看成假的，偏偏它又真的在幫助我們做事。
這麼說來，到底身體是真的？還是假的？
答案是：說它是真的，它是假的；說它是假的，它是真的。

這種「一而二，二而一」的《易經》思維，
告訴我們：身體是亦真亦假，非真非假。
我們給它一個名字，就叫做「空」。

原來「空」就是亦有亦無？

真了不起，果然一點就通。
華夏之光，即是腦筋十分靈光，反應非常靈巧，而且動作靈活無比。
空不是無，也不是有。
空是亦有亦無，非有非無，即有即無。
用《易經》的觀點來看佛家，
就像採取《易經》的思維來解說儒、道兩家，
同樣十分通暢！

那麼人也是半真半假的？

說半真半假，實在不如亦真亦假。
因為「半」字有「一半一半」、「五十對五十」這種「分」的感覺，
萬一合不起來，人格就分裂了，
精神也難以統一，還能做人嗎？
所以「空」是亦有亦無，並非半有半無。

什麼都有，也什麼都沒有。
不是任何一樣東西，卻能夠變成所有的東西。
看它是無，空就是無；看它是有，空便是有。

◎「無所求行」，又說些什麼呢？

達摩的《四行觀》接下來說：
「無所求行者，世人常迷，處處貪著，名之為求。
智者悟真，理與俗反，安心無為，形隨運轉。」
《四行觀》的第三行，名為「無所求行」。
「世人」就是活在世間的人，
而「迷」便是沉迷、入迷。
世人經常著迷的，其實是「貪」。
由於貪婪成性，所以取名為「求」。
明白事理的智者，能夠洞察真相，
知道事理和世俗的認知，剛好相反。
於是安下心來，不盲目追求，以免忙碌、緊張、恐懼，
使自己的形體，隨緣而轉，得以隨遇而安。

◎世人常迷的對象很多，為什麼說「貪」呢？

不論哪一種對象，

只要不「貪」的話，基本上並不算「迷」。
任何人追求功名利祿，或者愛好藝術、喜歡戲劇，以及在某一方面深入鑽研，
只要能適可而止，保持在合理的程度以內，便不算是著迷。
然而一旦過分的話，那就是貪了。
所以世人常迷的，不論對象為何，總是一種貪婪。

迷一定不好嗎？

那也未必。「先迷後得」是一種好現象，迷一陣子，跳得出來，從此不再著迷，這樣不是很好嗎？
一迷再迷，執迷不悟，那當然是不好的。
最可怕的，應該是痴迷。
不但執迷不悟，還要進一步認定自己的迷並不是迷，只有別人才迷，這才是最可憐又可笑的。

是「長迷」還是「常迷」？

不錯，「長迷」和「常迷」非但同音，而且還有異曲同工之妙。

「長迷」就是「常迷」，
長時間著迷和經常入迷，大致上是相同的。
「長」指長時間，「常」為出現的次數十分頻繁。
可能是迷的對象，有一有多，並不一定相同，
而且入迷的程度，也未必盡同。

一個人可能「處處貪著」嗎？

《易經》的思維啟示我們：
「處處貪著」並不是百分之百、任何地方都貪著。
只能說大部分貪著，依然有些地方不貪著，
這樣就叫做「處處貪著」。
因為凡事物極必反，百分之百貪著，
反而很容易演變成什麼都不貪著。
愛所有的人，等於不愛任何人；不愛任何人，才能夠愛所有的人。
把「我愛你」掛在嘴邊，逢人就說，
大概沒有人敢相信。

「貪」一定「著」嗎？

貪而不著，可以善意解釋為一時的好奇、喜愛，
別有用途，未必就會著迷。

「貪而不著」，表示這是暫時性的，
一段期間過後，便不著迷，沒有什麼好擔心的。
有人喜歡集郵，看到郵票就想要，
某天開始，忽然有了新的愛好，看到郵票好像沒有什麼感覺，
對於集郵這一件事，反而產生免疫力，不容易再著迷。

「求」不好嗎？

人要生存，希望生活過得更好，
怎麼能不求呢？
「求」就是「不求」，求到合理的地步，便不再求。
「不求」即是「求」，
專心一意求「不求」，當然也是一種十分強烈的「求」。
「無所求」其實就是「有所求」，
不過要掌握到合理的度。
真正的說法，應該是「站在無所求的立場來有所求」，
所以還是要說「無所求」。

「站在有所求的立場來無所求」，不一樣嗎？

說一樣，就是一樣；說不一樣，那就當然不一樣。

「有所求」到合理的地步，和「無所求」到合理的程度，
兩者是一樣的。
然而「無所求」應該是「本」；「有所求」最好居「末」。
本立而道生，所以合理的說法是：「站在無所求的立場來有所求」，
更加容易掌握「求」的度，使其不過分。
寧少勿貪，遠比貪了才節制要方便得多。

「智者悟真」是什麼意思？

「智者」指智慧高的人，對於各種知識，
不但能夠蒐集、整理、研判、選擇，而且有能力妥當地加以應用。
經過格物、致知、誠意、正心的功夫，
終於領悟到真正懂得求的人，是用「不求」來「求」，
以避免「亂求」，造成貪婪的行為。
一個人萬一養成無所不貪的習慣時，
那就處處貪著，貪到入迷了。

「真」是指「真理」嗎？

「真」是不是真理？誰知道？恐怕只有天曉得。
說得妥當一些，「真」應該是接近真理，但未必就是真理。
因為語言文字具有侷限性，

我們無論怎樣表達，充其量，都只能愈來愈接近真理。
好像是這樣、大致如此，
也就是我們有意無意、脫口而出的「差不多！」
倘若堅持「真」即是「真理」，恐怕不是很妥當，
有點太張狂、太自大了，要特別小心。

為什麼「理與俗反」呢？

「理」是「真實的道理」，「俗」是通俗的說法。
我們能夠一步一步接近真理，已經十分困難。
世俗的人，缺乏長期修持的能耐，
長久以來，習慣於「望文生義、不求甚解」的態度，
還要「自以為是」地嘲笑別人，好像只有自己永遠是對的，
眾人皆迷，唯我獨醒。在這種情況下，
真實的道理與世俗的說法，兩者往往背道而馳、漸行漸遠。
其實世人最大的「迷」，即在於著迷自己所相信的「真理」。

如何才能安心無為呢？

一個人只要抱持平常心、無分別心，
認清自作自受的因果律，不就安心了！

安心於無為，才能夠合理地有所為，
這就是「無為」，而能收到「無不為」效果的高明智慧。
孔子主張「無可無不可」，凡事合理即可。
老子告訴我們：「道可，道非，常道。」
有人這樣說，便有人那樣講，這樣才是常理。
佛家要我們抱持平常心，儘量減少分別心，
反正各人自作自受，先安好自己的心再說，
於是安心地無為。

無為不是很消極嗎？

消極就是積極，積極便是消極，這才叫做無分別心。
消極到合理的地步，和積極到合理的程度，當然沒有什麼不同。
你消極，大家反而積極；你積極，大家樂得消極。
母親太會做菜，女兒就不會烹飪，這些都是常見的事實。
無為才能無不為，有為就只能為那麼一點點，
到底哪一種更積極？

「形隨運轉」又怎麼講？

相隨心轉，
心怎樣轉，相就跟著那樣轉。

相貌會隨著心境而轉變，這是大家普遍認同的事情。
形隨運轉，是說我們的形體，隨著運氣而轉變。
運氣是我們身上的氣，由我們自己來運。
運得好，叫做「運氣好」；運得不好，即是「運氣不好」。
形體改變，表示運氣的好壞已經有所變化。

怎麼轉形比較妥當呢？

這樣問就很合理。
一般人喜歡問：「怎麼轉形比較好？」
那就不是很妥當。
因為好或不好，隨時隨地會改變，並沒有固定的標準。
妥當不妥當？那就是概括性的原則，不受時空的限制。
安心無為，把世俗的說法調整到合理的地步，
站在無所求的立場來有所求，
說起來就是隨緣轉形、隨遇而安，當然很妥當。

能不能舉一個實例？

有一次我去理髮。
理髮師走過來，我先關照他：「我不洗頭，只是理髮。」

他說：「一定要先洗頭，我才理。」
我問他：「是我做主，還是你做主？」
他說：「沒有辦法，我不是一般的理髮師，我是設計師，請你聽我的。」
我說：「那就換一個，要不然，我就不理。」
果然，換了另外一位，不洗頭，就理髮。

專業的設計師，為什麼不加以尊重呢？

他專業，我當然尊重。
但是頭是我的，錢是我出的，
我要怎麼理，他當然應該尊重我的決定。
現代人很奇怪，居住的房屋要怎樣佈置，
得聽裝潢設計師或風水師的；
自己的結婚照要如何拍攝，得聽攝影師的；
到餐廳吃飯，還要接受服務人員勉強安排的套餐……
重專業卻不能自主，人性還有什麼尊嚴？這就是「理與俗反」。
世俗的風氣，很多是由不通事理的人創造出來的，
我們為什麼一定要隨俗呢？

這樣豈不是我執嗎？

執就是不執，不執便是執。

什麼都好的人，實際上是好壞都分不清楚。
唯有仁者，能好人也能惡人。
隨便接受人家的擺佈，實在很可憐，連保護自己的能力都沒有。
但是，形勢比人強，有時候不聽人擺佈，就會喪失很多好機會，
此時應該權衡輕重，知所進退。
只要心中不執著，隨遇而安便行。
試問：這是投機取巧嗎？當然不是，是隨機應變。

「隨機應變」和「投機取巧」差那麼遠嗎？

「隨機應變」和「投機取巧」長得一模一樣，
有如孿生兄弟，實在很難分辨。
中華文化主張「毋自欺」，和這兩種心態有十分密切的關係。
我們一定要「隨機應變」，但絕對不可以「投機取巧」，
偏偏這兩者，只有自己心知肚明，他人根本分不出來。
所以「毋自欺」告訴我們：
除了各憑良心之外，別無其他有效方法可循。

務必要隨機應變，難道不是一種著迷？

問的太好了。

一個人倘若能夠「此心生時，與理相應」，
做到「得失從緣，心無增減」，並且「喜風不動，冥順於道」，
便表示「智者悟真，理與俗反」，當然就能「安心無為，形隨運轉」。
這時候「捨妄歸真，無自無他」，
且能「堅住不移，更不隨於文教」，
那麼又何必存心隨機應變呢？
因為一言一行、一舉一動，無不與理冥符。
自然而然，隨緣而行，這不就是隨機應變了嗎！

真的能夠如此簡便？

經文接著說：
「萬有斯空，無所願樂，功德、黑暗，常相隨逐。
三界久居，猶如火宅，有身皆苦，誰得而安？
了達此處，故捨諸有，息想無求。
經曰：有求皆苦，無求即樂。
判知無求，真為道行，故言無所求行。」
果真到了心無所求之際，
隨機應變根本用不著求，便自然來了。

「萬有斯空」是什麼意思？

「萬有」指世上的萬事萬物。
我們通常都由於眼看為真、手摸為實，便視之為「有」。
實際上，萬有都是「空」的，所以說「萬有斯空」。
舉紙幣為例：
我們認為我「有」一張紙幣，
表示具有相當價值，可以換取等值的東西。
然而，一旦戰爭爆發，誰都想要留住東西，而不拿出來販售。
這時候，紙幣沒有人要，形同於「沒有」。
所有的「有」，到頭來都會變成「沒有」，
這不是「萬有斯空」嗎？

為什麼「無所願樂」呢？

「許個願吧！」
「果然應驗」但是「轉眼成空」。
有時候連許的是什麼願，都忘得一乾二淨。
「中大獎了，運氣真好！」
不久花得精光，還欠下很多稅款，被限制出境。
短暫的樂，換來的是更長久的苦惱與擔憂。
「有這樣的朋友真好！」
想不到機場一別，竟然天人永隔，令人悲痛至極。

既然萬有斯空，一切都是短暫的，
轉眼成空，還有什麼值得願望的？
又有什麼樂趣值得著迷的呢？

功德也不要了？

達摩祖師爺的名言便是「實無功德」！
並不是說梁武帝的所作所為，毫無功德可言，
而是指點梁武帝：功德和黑暗常相隨逐，離不開也分不清呀！
歷代帝王，即使熱衷於鑿刻岩石佛像，
還不是這一朝刻的，下一朝就被毀掉？
中國人刻的，外國人就把它偷走？
還美其名為收藏，不承認是非法竊取。
有功德便有隨之而來的後遺症。
沒有那麼美的佛像，有誰會動歪腦筋去偷取呢？

那就不要做功德了？

《易經》第三十一卦稱為「咸」卦。
「咸」和「感」相通，只差「無心」和「有心」。
存心做功德，大多會伴隨後遺症，所以「實無功德」。
不存心做功德，做到無形無跡，

當然就不會有什麼後遺症，
《易經》稱之為「无咎」，當然有功德。
捐獻金錢物資，倘若具名，
大家必然多方猜測，是不是有什麼企圖？
還是想要回哪些東西？
如果用「無名氏」，大家認為動機純正，
反而不會產生任何猜疑。
然而部分現代人，
卻對無名氏也加以追踪，使其曝露身分，
實在是極端無聊之舉。

「三界」指的是哪三界？

「欲界、色界、無色界」合稱三界，
都是凡夫俗子生死往來的境界。
修行者當以跳脫三界為目標，不斷地用心精進。
「欲界」指我們內心的需求、欲望。
「色界」即外在的種種事物，對人造成很多的誘惑。
然而在逃脫「欲界」和「色界」之後，
有些人卻又執著於「空」，對任何事物都不動心，
陷入了「無色界」之中。

為什麼說「猶如火宅」？

無論欲界、色界、無色界，都像是著了火的房子一樣。
住在裡面的人，苦不堪言。
「久居三界」有如長期住在火燒的宅子，
不但身受其苦，而且心不能安，
所以說：「三界久居，猶如火宅，有身皆苦，誰得而安」？
明白這種道理之後，最好能捨棄諸有，
減少願望、需求，以期止息妄念，
真正走上修道的大道，
也就是達到「無所求行」了。

捨棄一切，人還活得了嗎？

什麼都不要……
立志，不要。願望，不要。物質，不要。金錢，不要。
生存，不要。生活，也不要。最後人就活不下去了！
所以「捨棄諸有，息想無求」，還必須保留一項「真為道行」。
為了行道，
保持合理的需求、願望、物質和精神，是有必要的。
但是，行道為本，其他的都是末。
必須知所先後，不能捨本逐末，這樣就對了。

為什麼「有求皆苦，無求即樂」呢？

人只要活著，便不可能完全無求。

有求無求都是求，不過是程度有所差異而已。

「有求」含有貪婪的意思，

有了還要貪求更多，好了還要貪求更好。

由於在現實的環境中，大多資源不足，而且機會有限，

所以有求經常不能如願，讓人甚為苦惱。

「無求」就是知足，因而能夠常樂。

有求皆苦，但大家習以為常，所以覺得人生是苦的。

知足常樂，大家也都知道，

卻行不出來，這是自己應該好好反省的地方。

「稱法行」又是什麼呢？

經文說：

「稱法行者，性淨之理，目之為法。

此理眾相斯空，無染無著，無此無彼。

經曰：

『法無眾生，離眾生垢故；法無有我，離我垢故。』

智者若能信解此理，應當稱法而行。

法體無慳，於身命財，行檀捨施，心無吝惜。
達解三空，不倚不著，
但為去垢，稱化眾生而不取相，
此為自行，復能利他，亦能莊嚴菩提之道。
檀施既爾，餘五亦然。為除妄想，修行六度，
而無所行，是為稱法行。」

「法」是什麼？

「法」在佛家，泛指一切事物。
不論大小，有形或無形，都稱為「法」。
有形的叫做「色法」，無形的即為「心法」。
要瞭解法，必須先認清「六根」和「六塵」。
「六根」指的是我們的：「眼、耳、鼻、舌、身、意」。
眼為視根，耳是聽根，鼻即嗅根，舌就是味根，而身則是觸根。
還有意，即為念慮的根。
「六根」生出「六塵」，
稱為「色、聲、香、味、觸、法」。

「稱法行」是什麼意思？

「稱」是對稱，

「法」在這裡並不是泛指一切事物，而是我們常說的「方法」。
「稱法」是指合乎方法的要求所表現出來的行為，
就叫做「稱法行」。
「行」即行為，依法而行，
達到方法所提示的方向、程序、標準，
那就是如法而行的表現，叫做「稱法行」。

什麼方法呢？

「性淨之理」既然被我們「目之為法」，
也就是視同為我們所要實踐的方法，
當然就不應該只是一種理念，而是應當要表現出實際的行為。
所以「性淨之理」便是我們「稱法行」所要實踐的方法。
「淨」即清淨，使我們的心性清淨，
能淨化心性的道理，便稱為「性淨之理」。

「性淨之理」的內容呢？

「此理眾相斯空」，
表示性淨之理，具體表現在「眾相斯空」。
不論有相無相，都看成空。

既沒有相貌，也沒有形象，更沒有表象，
把所有的「相」都看「空」了。
於是「無染無著」，不但沒有染，也不會著。
「無此無彼」，沒有你我、這那、上下、高低、大小的念頭，
不就沒有分別心了嗎？

這樣很好，但是太難了？

這句話至關緊要，大多數人就是這樣把自己難住了。
人活在世間，原本什麼都沒有。
現代事物卻愈來愈多，可見一切一切，都是人想出來的。
「心想事成」，其實並不是一句祝願語，
根本就是一種說明事實的陳述語。
人一旦有了「這樣很好，但是太難了」的心思，
根據「心想事成」的法則，怎麼可能不成為事實呢？

相信它能夠付諸實踐，也能心想事成？

當然。依據「一陰一陽之謂道」，
我們的心性只有一陰或一陽兩種性能，一為喜歡、一為厭惡。
兩種性能交錯互動，產生各種變化，才造成許多不同的反應。
心性有了反應叫做「染」，養成習慣就是「著」，也稱為「執著」。

心性要不染，實在不可能。
但是，我們至少可以不著。
不要相信，也不要不相信。
先試試看，再調整一下，用正來取代邪。
培養新的習慣，以取代舊的習慣，
很快便能心想事成了。

為什麼《易經》、儒、道、釋的道理會彼此相通呢？

因為它們都有共同的老師，原本就是同門師兄弟。
它們共同的老師，名字就叫做大自然。
同門的意思，就是共同遵守大自然的法門。
殊途而同歸，正是《易經》、儒、道、釋相通的寫照。
為了研究、分析、說明，可以暫時分開來；
然而，一旦在生活當中實踐，自然要合在一起，才不會矛盾。

孔子怎麼說「空」的？

「無可，無不可」，是孔子的核心觀念。
適可而止，不就空了？
人不可能沒有欲望，生活必然會有一些需求。

盡力而為，盡人事以聽天命，
便是看空得失，只重視過程，卻不計較結果。
現代人卻剛好相反，一天到晚看結果。
看到死才明白，結果原來人人都一樣，
實在太可憐了！

老子怎樣看「空」呢？

老子的核心思想是「自然無為」。
清靜無欲，治大國若烹小鮮。
老子認為：
「五色令人目盲，五音令人耳聾，五味令人口爽，馳騁畋獵令人心發狂。」
充分領悟《易經》「動極則靜，靜極而動」的道理，
因此倡導以靜待動、以逸待勞，並且柔弱而不爭。

為什麼「法無眾生」呢？

因為有「我」，所以才有「眾生」的觀念。
把自己和眾生分別開來，
認為自己知道了，眾生還不知道。
認為自己開悟了，眾生還早得很。
認為自己有責任要度眾生，

卻不明白這根本就是分別心，證明自己也還早得很！
有了性淨之理，便不應該有眾生，
因為離開了眾生的染著。
也不應該有我的執著，
可以離開我的塵垢，發現無我了。

為什麼法體無慳？

「慳」指度量狹小。
一般人的體，稱為身體。
因為未修之身，當然無法跟已修之身相比，
否則我們為什麼要修？又修些什麼？
把原本染著了度量狹小的身體，修成無慳，
也就是不再度量狹小，使其成為依法而行的法體。
「法體無慳」，可以說是稱法而行的一種狀態。

「於身命財」說些什麼？

是不是「法體無慳」？並不是說了算的，
必須通過檢驗，逐一加以證實。
然而，我們要從哪些地方檢驗呢？

可以從身體、生命和財物這三方面，分別逐一確實檢驗。
如果三樣都通過了，便可稱為「三空」。
實際上，「三」代表全。
無三不成禮，人生的一切，可用身、命、財來概括表示。
一切都空，自然法體無慳。

「行檀捨施」如何才能「心無吝惜」？

佛教尊稱以財物、飲食供養佛寺或出家人者為「檀越」。
「行檀」可以說便是行佈施，
能夠心無吝惜，才能證明真的是「法體無慳」。
至於如何才能心中沒有吝嗇，也不會不捨？
那就要看我們能不能「稱法」了。
與法相應，互相對稱，當然可以心無吝惜地佈施。
做到「施恩慎勿念」，才叫做「真發心」。

什麼叫做「達解三空」？

「三」代表一切。
漢朝司馬遷在熟悉易數之後說：「數始於一，終於十，而成於三」，
可見他已經充分領悟老子所言：「道生一，一生二，二生三」的深意，
因此歸論出「三即一切」的道理。

「三空」便是一切皆空，
達到這種境界，便能夠解除空的困惑，
既空又不空，不空自然空，
那就是「達解三空」。

空與不空，原來也是「一而二，二而一」啊？

太好了。陰陽既不是兩樣東西，也不是合為一物，
而是既能分也能合，可以合也可以分。
在無可無不可當中，從「一就是一」和「二便是二」的互動下，
使炎黃子孫產生「把二看成三」的《易經》思維。
原來一切的一切，都是「一而二，二而一」。
對中華民族來說，這樣的領悟實在太珍貴了！
可惜現代人執著於二分法思維，把原本靈活的思維箍得死死的，
還自以為是，簡直是自尋苦惱！

「不倚不著」即為合理的「倚著」，對嗎？

當然如此。
不就是要，要就是不要，
這樣的思維對炎黃子孫來說，實在太熟悉了。

陰中有陽，陽中有陰。
不倚不著，便是不偏不倚，
表示合理的偏離，以及合理的依靠。
因為「不偏離」，即為「合理的偏離」和「合理的不偏離」，
兩者的平衡點，不正是「空」的狀態！

怎麼說「但為去垢」？

我們行佈施，為的是什麼？
為佈施的人，那就是存心求好報；
為被佈施的人，是不是貪圖獲得禮讚和感恩？
心中念念不忘佈施這件事，還不如乾脆不佈施，
以免徒增困擾，使心性更不清淨。
「但為去垢」告訴我們：行佈施要和不行佈施一樣，
不為佈施，但為自己的心性去除塵垢。

為什麼「稱化眾生而不取相」？

「稱」是對稱，
表示還是有心在比對，看看相稱不相稱？
「化」是解除比對的心態，
自然而然，把所有不同的都化解掉，成為相同。

眾生各有不同的相，不取相、不住相，即等於無相，
於是有相、無相合而為一，
便是「稱化眾生而不取相」。

為什麼要「不住相」呢？

因為我們修行，原本是為自己，而不是為他人。
把自己修好，才是自行的目的。
他人修不修，修不修得好，那是他人的事，
我們管不了，也無法管。
這是不是獨善其身呢？
不是。
獨善自身，才能產生無心之感，使他人獲得某些感應，
因而也領悟到獨善其身的重要，
各自獨善其身，不就是兼善他人了嗎？

自行才能利他？

太好了。
這是自然感應的道理。
我們管自己，並不是自私。

我們管他人，要求大家都自行，那才是自私。
怕吃虧、不喜歡他人佔便宜，根本就是偏差的心態。
人人自行，各人走各人的路。
只要合乎道德，各憑良心，
便是「此為自行，復能利他」。

什麼叫做「莊嚴菩提之道」？

我們常說的「菩薩」，是梵語的簡稱，
全稱應該是「菩提薩埵」。
「菩提」便是覺，「薩埵」表示有情。
「覺」即覺悟，既自覺又覺他，所以有情。
「菩提之道」，便是覺悟之道，也就是成佛之道。
覺悟佛道的正智，稱為「菩提」。
「莊嚴」即莊重嚴肅，在這裡當做動詞，
能夠使菩提之道，莊重嚴肅地顯現出行的效果。

「檀施既爾」是什麼意思？

「檀施」即是行檀，也就是行佈施。
「既」為既然，「爾」是如此。
「檀施既爾」，是指行佈施既然如此，

能夠自利利他，稱化眾生而不取相，莊嚴菩提之道，其餘五種塵垢，應該也可以洗淨了，所以接著說：「餘五亦然」。

「修六度」是為了去除妄想嗎？

正是。

「六度」指六種可以從生死苦惱的此岸，度到涅槃安樂彼岸的法門。

也就是佈施、持戒、忍辱、精進、禪定、般若。

佈施能度慳貪，持戒能度毀犯，忍辱能度瞋恚，精進能度懈怠，禪定能度散亂，而般若能度愚癡。

「修六度」是為了去除自己的妄想，所以說「此為自行」，完全是在修治自己的行為。

梁武帝建廟、印經、供養和尚，達摩說他毫無功德，是不是和武帝的妄想有關？

太好了。

建廟、印經、供養和尚，當然有功德。

只是梁武帝自己說出來，那就沒有功德了。

當年梁武帝和達摩見面，倘若不急於表功，
只說自己學佛，是為了去除妄想，
而所有建廟、印經、供養和尚，也都是居於這種念頭，
完全沒有利他的想法，
很可能達摩會這樣說：「固然是為了修己，也連帶地利他，有大功德。」

怪不得大家都喜歡說虛假的話？

這就嚴重了！
說假話頂多矇騙一時，很快就會被拆穿，毫無作用。
何況像祖師爺這樣的高明人士，怎麼騙得了？
實實在在，誠誠懇懇，是修行的基本。
然而動機純正與否？必須經得起考驗。
為了出名，為了提高自己的社會地位，
為了表示自己有辦法，甚至於為了贖罪，當然就毫無功德。

「無所行」是什麼意思？

一陰一陽之謂道，無所行即有所行。
有所行為而覺得自己無所行為，才是真心。
有目的為他而有所為，就等於無所行。
為什麼我們常提高警覺，認為「禮多必詐」？

便是有所行令人覺得虛偽。
若是從內心所發出的禮節，相信沒有人會起疑。
心中沒有妄想，
自然而然地表現出某些行為，即是「無所行」。

那麼，「無所行」就是「稱法行」嗎？

「無所行」要和上面的「為除妄想，修行六度」連接起來，
才是「稱法行」。
為了去除自己的妄想，持續地修行六度，
並不是為了自我標榜、施捨別人，而有所作為，
這才叫做「稱法行」。

《四行觀》是用來行的吧？

達摩祖師爺對「行」特別重視，知而不行，等於不知。
行是每一個人要自己去做的，誰都代替不了。
把行當做是自己的責任，以「毋自欺」的心態，並且下定決心，
從現在開始行，才能夠行之有效。
最好每天讀一遍《四行觀》，反省一下自己做到了多少？
倘若能夠不斷精進，相信必然會有良好的效果。

這麼一部經就夠用了嗎？

這不是夠用不夠用的問題，
有沒有真正知行合一，才更為重要。
經典是去除妄想的藥方，
釋迦牟尼佛祖並不是故意講出那麼多經典，
而是因材施教，對不同需要的人，
講出不一樣的經文，內容則是一貫的。
我們用不著每一部經典都讀，因為一理通、萬理通，
一部經典讀通了，其他的經典，應該也就通了。

不讀《四行觀》，改讀其他經典有效嗎？

當然有效，
因為每一部經典，都是道的出入口。
達摩把入道的法門，歸納為「理入」和「行入」兩條途徑。
「理入」是由教理來入道，所以出現很多經典。
《四行觀》是「行入」，卻沒有脫離理性的思慮，
可以說是理行合一。
這種合而為一的思維，和《易經》十分相合，
應該是中華文化帶給達摩的最佳禮物，
使他成為中華禪宗的始祖。

達摩變成中國人了？

這是千真萬確的事實。

華夏夷狄的分別，一開始就是以文化為標準，

並不採取血統、語言、種族、生活習慣等等因素。

凡具有中華文化素養的，即為中國人。

不具備中華文化素養的，就不算是中國人。

根據這樣的判斷標準，

我們認為達摩已經變成中國人了。

達摩的特色是什麼？

應該是反問法。

我們回想慧可的第一課，

他向達摩說：「我心不安寧，請求師父替我安心。」

達摩說：「你的心安好了。」

用意在告訴慧可，他的真心是常安的，不用再去安了。

達摩要慧可拿心來，是一種反問，

意思是拿得到嗎？拿不到，連找都找不到，

因為他所說的心，根本是虛幻的。

慧可一下子被點通了，體悟到自己的真心。

達摩教出哪些好學生？

這句話問得令人很不安，不合乎禪的味道。
達摩並沒有教，他不自認為是老師。
別人自認是他的學生，他不便否認，怕傷害到別人。
達摩不像現代人這樣，稱呼自己為老師，
人是要自己悟、自己學的，怎麼教得出來？
老師、老師，是別人叫的，不適合自己叫自己。

那達摩怎麼找接班人呢？

達摩問一位名叫道副的人說：「有沒有得到什麼悟境？」
道副回答：
「依我的觀點，我們應該不執著於文字，也不捨棄文字，最好是把文字當做一種求道的工具，好好地加以運用。」
達摩聽了之後說：「你只得到我的皮。」
後來達摩當然沒有選道副當接班人。

還有誰是接班人選呢？

有一位名叫道育的人說：
「地水火風原本是空的，叫做四大皆空。

眼耳鼻舌身意也非實有，稱為五蘊非有。
我的領悟是：整個世界沒有一法存在。」
達摩笑著說：「你得到了我的骨。」
當然，接班人也不是道育。

怎麼找到慧可的？

慧可向達摩行了一個禮，就站在那裡不動。
達摩說：「你得到了我的髓。」
於是便選擇慧可做為禪宗的第二祖。
慧可便是神光，
他是不是讀過老子所說的：「知者不言，言者不知」，
或者孔子所說：「天何言哉！四時行焉，萬物生焉」？
我們真的不知道。

有皮、有骨，也有髓，那肉是什麼？

有一位尼姑說出她的心得：
「依我的看法，就像慶喜看到了阿閦佛國，一見便不再復見。」
達摩回答說：「你得到了我的肉。」
一問一答，到底是在說些什麼？

恐怕只有當事人明白。
服不服氣？其實並不重要，
因為是達摩在選人，一切由他負責。

後來也是這麼傳的？

慧可得到衣鉢，成為禪宗二祖。
某一天，有一位年過四十的居士來見慧可。
居士說：「弟子患了很重的風濕病，請師父替我懺罪。」
慧可說：「你把罪拿來，我替你懺。」
居士回答：「我找了半天，卻找不到罪。」
慧可說：「好，我已替你懺完了罪。」
這位居士後來出家做和尚，
改名為僧璨，日後成為禪宗第三祖。

第四祖呢？

有一天，一位年輕的和尚，向僧璨禮拜。
和尚說：「請師父慈悲，教我解脫法門。」
僧璨反問：「是誰縛了你？」
那位和尚回答：「沒有人縛了我。」
僧璨說：「那麼，你為什麼還要求解脫法門呢！」

這位和尚大悟，後來成為禪宗四祖。

這不是題庫嗎？

往昔資訊的流通十分困難，
不像現代這麼方便，所以並沒有題庫的概念。
大家秉持達摩的精神，一直依樣畫葫蘆，不敢稍有逾越。
後來傳到六祖慧能，才有所突破，
展現出可以普傳的中華智慧。
使禪的生活智慧，成為炎黃子孫的頓悟法門。

慧能是誰？

唐太宗貞觀十二年，也就是公元六三八年二月八日子時，
慧能出生於廣東新州，俗姓盧，從小喪父，由母親扶養長大。
遷居南海，以賣柴為生，根本沒有機會讀書識字。

他怎麼能夠成為六祖呢？

有一位陌生人，送給慧能十兩銀子，做為他母親的生活費用，
並且勸他到黃梅去參拜五祖弘忍，專心學佛。

慧能辭別母親，走了三十多天的路，終於見到弘忍。
五祖問他：「哪裡人，到這裡做什麼？」
慧能回答：
「弟子是嶺南新州人，此來拜你為師，是為了要成佛，別無其他目的。」

弘忍接受慧能的請求嗎？

五祖認為慧能質樸無邪，十分純真。
但依然採用禪宗特有的反問法：
「你從新州來，是南蠻之人，如何能成佛？」
慧能有話直說，毫不保留：
「人雖有南北之分，而佛性豈有南北之別？
我的形體雖與你不同，但我們的佛性又有什麼差別呢？」

慧能沒有機會讀書，為什麼開口就說文言文？

我們不要忘記，白話文的歷史很短。
慧能所生活的時代，大家開口都是文言文。
他沒有讀書、不識字，但是張開耳朵，到處所聽所聞，無非文言。
何況那時候的媒體，不像現代這樣複雜，如此雜亂。
當時的傳播，離不開教化，
因此脫口而出那些現代人說不出來的文言文，並不希罕。

弘忍受得了慧能的直來直往嗎？

五祖心胸廣闊，並無分別心。
聽到慧能的回答，就已經知道來者是可造之材。
但是五祖身邊許多年輕的徒弟，
卻對慧能十分不屑，視他為鄉下人，
什麼都不懂，居然還敢這麼沒禮貌。
弘忍也不便多說，就吩咐慧能到後院去做粗工。

對可造之材這樣安排，是什麼用意？

太好了，有這樣的疑惑，才是中華的智慧。
因為出乎意料的安排，往往有更為深刻的用意。
五祖為了保護慧能的安全，長期把他冷落在後院工作，
等待時機成熟，才在夜深人靜的時候，
把衣缽傳給慧能，並且叮囑他：
「現在你已經成為禪宗第六代傳人，望你好自為之。」

當時慧能的情況如何？

五祖傳衣鉢給慧能，是在公元六六一年，

那時慧能只有廿三歲，依然是個俗人。
沒有上過禪學，也不曾接受過最基本的佛理教育。
五祖弘忍實在是慧眼獨具，
深知慧能已經澈底悟道，並非其他弟子所能及。
在極度保密的情況下，送慧能南行，
交代他暫時隱蔽，不要急於公開說法。

六祖慧能是不是嚇壞了，所以從此不再傳衣鉢？

當然不是。
六祖一方面謹遵五祖的吩咐：
衣鉢傳法很容易引起爭執，不如以心傳心；
一方面自己明白：
頓悟和漸悟都是悟，條條大路都可以入道。
既然如此，傳不傳衣鉢，又有什麼意義？
因此到六祖為止，便不再以衣鉢傳人了。

慧能的方法又是什麼？

慧能在江南隱蔽了十五年。
在這段期間，一定下了很大的功夫，務求實至名歸。
但是既然要隱蔽，就不能留下痕跡。

一直到公元六七六年，慧能深知時機成熟，才開始他的點化生活。

第一場的場景如何？

有兩個和尚，看到旗子在風中飄揚，便展開一場辯論。一個說是風在動，另一個說是旗在動。

慧能說：「不是風動，也不是旗動，而是你們的心動。」

在場者莫不大為驚訝！

有一位印宗法師，和慧能談論一些經典奧義，慧能的解釋令他心服，於是便向大眾介紹慧能：

「這位居士非常高明，聽說五祖的衣鉢南傳，應該就是傳給他吧！」

慧能點頭說是，

印宗法師便請他把衣鉢拿出來，讓大家參拜。

行入謂四行
其餘諸行
悉入此中
何等四耶
一報冤行
二隨緣行
三無所求行
四稱法行

云何報冤行
謂修道行人
若受苦時
當自念言

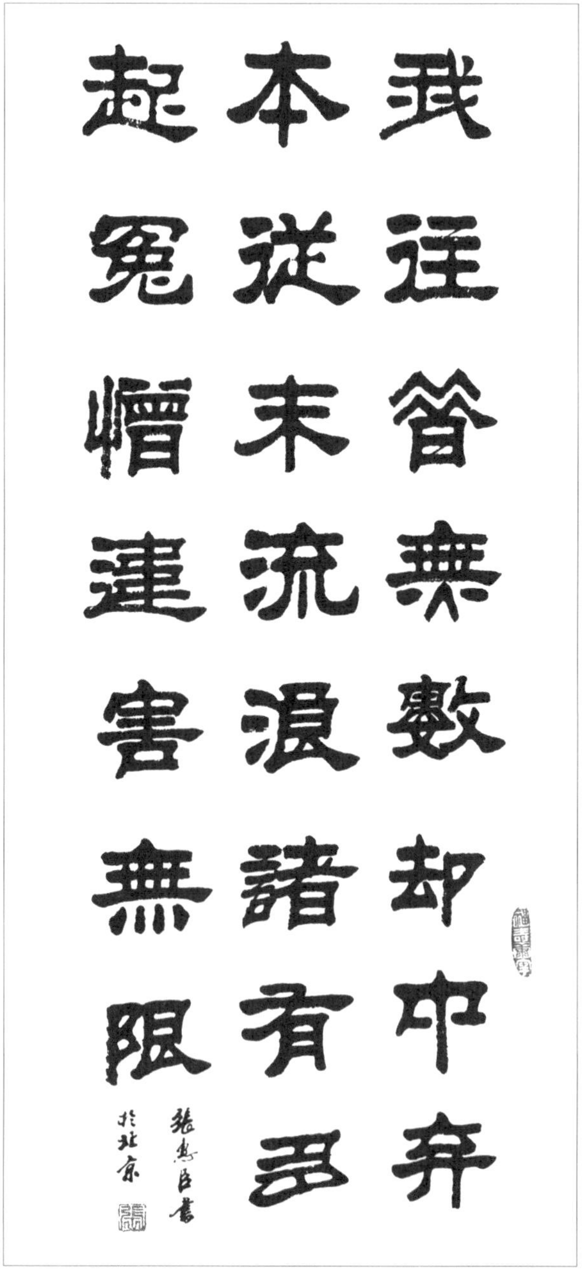
我往昔無數劫中棄
本從末流浪諸有多
起冤憎違害無限

我往昔無數劫中
棄本從末
流浪諸有
多起冤憎
違害無限

今雖無犯是我宿殃
惡業果熟非天非人所能見與
甘心甘受都無冤訴
張惠臣書於北京

今雖無犯
是我宿殃
惡業果熟
非天非人
所能見與
甘心甘受
都無冤訴

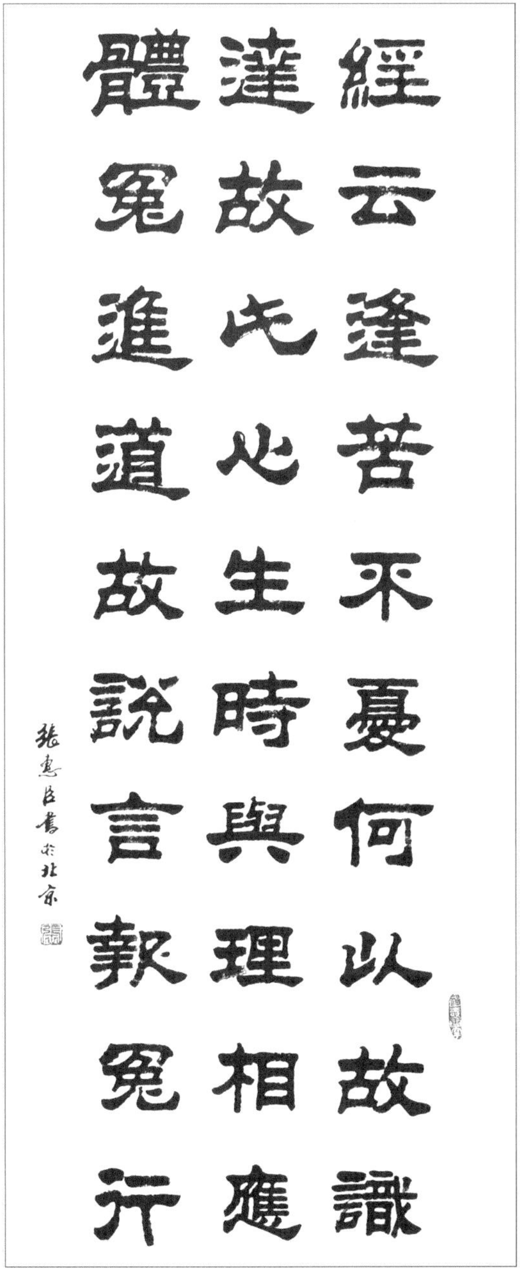

經云
逢苦不憂
何以故
識達故
此心生時
與理相應
體冤進道
故說言報冤行

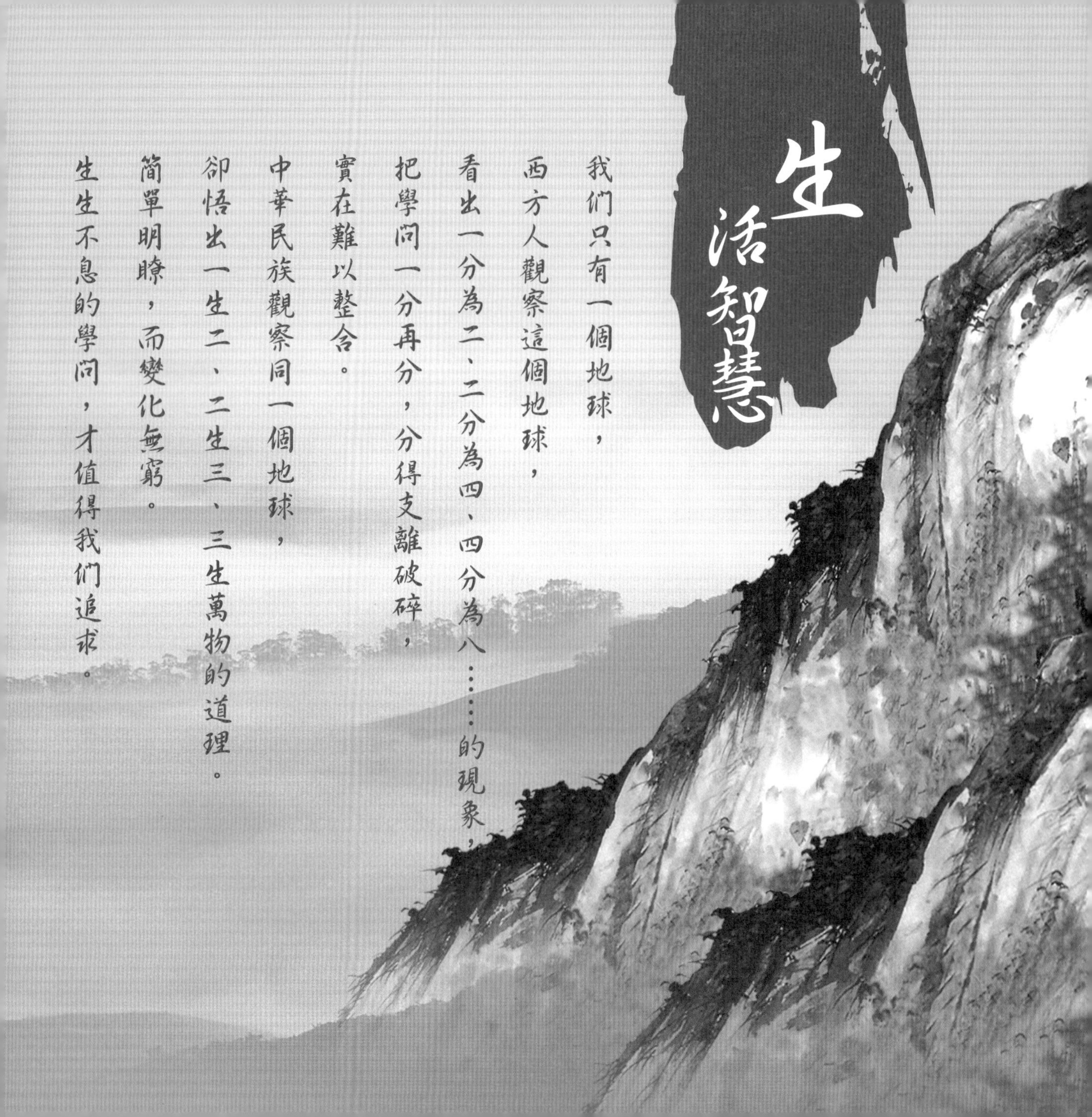

生活智慧

我們只有一個地球，
西方人觀察這個地球，
看出一分為二、二分為四、四分為八……的現象，
把學問一分再分，分得支離破碎，
實在難以整合。
中華民族觀察同一個地球，
卻悟出一生二、二生三、三生萬物的道理。
簡單明瞭，而變化無窮。
生生不息的學問，才值得我們追求。

怎樣生活呢？

人生在世，既來之則安之。
最要緊的是生活，應該不慌不忙、不急不緩，
在安定中求進步，凡事適可而止。
生活要安足，就需要人情，
大家在和諧中互通心意，充滿了彼此的情誼。
人情最重要的，即為合理。
所以合理成為人生的主要條件，便是我們常說的中庸之道。

這不是儒家思想嗎？

這是《易經》的道理，
孔子讀通了，把它說成大家都能明白的話，
既容易流傳，也經得起嚴格的考驗。
長久以來，已經成為中華民族的文化基因。
相信只要我們的文字、語言，持續地流傳下去，
中華文化便能夠生生不息，
中華民族也就萬古長存，與地球同壽。

基本要旨是什麼？

只有一句話就說完了，那就是「人禽之辨」。
我們生而為人，只要活著，便應該和禽獸有所不同。
憑這一點悟性，我們就具有佛心，人人都可以成佛。
儒家的說法是：「堯何？人也；舜何？人也。」
我們同樣是人，都有成為堯舜的可能性，
千萬不要自暴自棄。

道家的說法又是什麼？

老子的主張是「貴身」，
希望我們愛護身體，使其能與心靈充分配合。
愛護身體，即是愛惜生命。
愛惜生命，才能獲得心靈的開放。
道家由養生入手，讓我們體會到：
道有可以說的；有很難說的；更有不可言說的。
隨著各人的道緣，產生不同層次的認識，
各有不一樣的造化。

佛教對中華民族有什麼貢獻？

儒家的王道政治，建立在重視今生今世的生命理論上。

原先表現得憂國憂民的人士，一旦大權在握，就難免會為了追求功名利祿，而不顧百姓死活。幸好佛教帶來「輪迴」、「報應」的觀念，使大家對來世有所警惕。在某種程度上，增強了大家對修己安人的重視，可以說是為王道政治注入了一股新的力量。

輪迴的觀念那麼重要嗎？

當然。

很多人不相信輪迴，認為這一生一世，死了就一切了結，所以只顧生前的享樂，不怕死後有何後果。這樣的心態使人無所顧忌，做人做事不擇手段，不顧廉恥，甚至於不怕死。實在令人心生恐懼，不知如何對應？

不怕死有什麼不好？

這不是「好不好」的問題，而是「好死不好死有所不同」才值得我們深思。為國捐軀，為正義而死，當然要發揮不怕死的精神。

至於平日生活，則須念及：

「身體髮膚受之父母，不敢毀傷」的教誨。

這時候當然要重視性命，怎麼可以輕言不怕死呢？

「道家」和「道教」有什麼分別？

「道家」是一種思維方式，要我們認識道，

並且在日常生活中體會，從實踐中提升自己的道行。

而「道教」為什麼創立？如何構成？有哪些特殊需要？

我們最好尊重道教的說法。

就好比我們尊重佛教對大家的宣示那樣，

只管我們自己要不要信，還是要信到什麼程度？

不應該加以批評和指點。

因為我們不夠資格，也沒有這樣的權力。

儒教又是什麼？

孔子一生最重視教化，並沒有做出把儒家當做儒教看待的宣示。

孔子是至聖先師、萬世師表，怎麼可能會想當儒教的教主呢？

我們從佛教後來居上的情勢來看，

中華民族有信仰卻沒有宗教的特性，應該十分明顯。

「直指人心」是哪個心？

太好了。

六祖說：倘若自性像國王，心便是國土和臣子。

意思是：自性是心的本體，心卻是自性的作用。

在我們內在的王國裡面，

國王是絕對的至善，只可惜臣子有時不一定忠實。

如果臣子能夠謹守本分，整個王國便會享受到和平之樂；

若是臣子叛變，整個王國便會崩解破裂。

六祖慧能如何悟出這樣的道理？

六祖慧能不認識字的時候，聽到有人誦讀《金剛經》，

其中有一句「應無所住而生其心」。

因為他不認識字，所以既不會望文生義，也不致在這幾個文字當中打轉。

他並不只是用耳朵聽，而是用心聽，所以悟出了其中的道理。

慧能說：「我們只要把握這個原本清淨的心，便可以立刻成佛。」

我們同樣有心，為什麼成不了佛？

我們的心是變動的。

有時候善、有時候惡。有時候清淨、有時候不清淨。

有時候迷、有時候悟。有時候正、有時候邪。
不是不能開關，而是開關失靈，自己把握不住。
什麼時候能把失靈的開關修理好，
經由《大學》所說的：「止、定、靜、安、慮、得」的自我修練，
便可以見性成佛了。

為什麼說「見性成佛」呢？

我們的自性，原本是善的。
我們的行為，有善也有惡，有正也有邪，有時好有時壞，
這是心的作用。
心不配合自性，常常擅做主張。
主要原因，
即是我們通常由心擺佈，卻不能見性，才會這樣搖擺不定。
倘若明白自性，
使心的作用受到自性的引導，
自然就能悟出真理，當下成佛。

這和儒家的主張，好像十分相近？

真理是惟一的，

不會因為大家有「分」的觀念，便把真理割裂了。
儒家、道家、釋家的分別，
只不過為了方便做研究，可以提供不同的入口。
然而，最後所揭示的真理只有一個，
那就是「道」。
六祖慧能在不知不覺當中，
已經把儒家、道家和釋家的思想融為一爐了。

慧能怎麼會這樣高明？

六祖慧能有一首偈子：
「心平何勞持戒，行直何用修禪，恩則親養父母，
義則上下相憐，讓則尊卑和睦，忍則眾惡無諠。
若能鑽木取火，淤泥定生紅蓮，苦口的是良藥，
逆耳必是忠言，改過必生智慧，護短心內非賢，
日用常行饒益，成道非由施錢，菩提只向心覓，
何勞向外求玄，聽說依此修行，天堂只在目前。」
這樣的內涵，是不是儒道釋共同的要求？
當然高明之至！

慧能和達摩有什麼關係？

中華民族實在非常重視關係，
我們常說的「有關係沒關係」、「沒關係有關係」，
居然被嚴重扭曲、錯亂掉了，至為可惜。
慧能和達摩當然有密切的關係，
可以說沒有達摩就沒有慧能。
達摩開創出中華禪宗，慧能集其大成。
炎黃子孫重視本源、不敢忘本，
所以我們每思及禪宗，必然就會想起達摩。
沒有達摩的開創，慧能怎麼能集大成呢！

慧能之後還有哪些高明的禪師呢？

慧能不再傳衣鉢，
象徵人人都可以承接中華禪宗的精神，
然後發揮各自的特性，
這就是中華文化「持經達變」的特色。
石頭希遷禪師描述這種心境說：
「寧可永劫受沉淪，不從諸聖求解脫。」
既然沒有任何外在的力量能夠讓我們解脫，我們只好靠自己了。
這也是儒家反求諸己的主旨，
即使解脫不了，也不怨天尤人。

用什麼方法自求證悟呢？

「公案」的運用和「坐禪」，是通用的方法。
「公案」指公共文案，
表示古代某一禪師與和尚之間的問答，
或者某一禪師提出的陳述或問題。
後來用以幫助根器比較薄弱的弟子，
在心中造成禪意識，就像不成文的法範，可供大家演練。
「坐禪」則是靜坐默想的功夫，
可當做修養精神的方法，與公案兩者併用，
成為禪的證悟工具。

可否試舉一個公案？

二祖慧可向達摩表達他的心不安。
達摩回答：「把你的心拿來。」
慧可說：「根本找不到心。」
達摩說：「我已經把你的心安好了。」
這就是公案，
既不是謎語，也不是推理。
它不是哲學，也並非玄學。
只是以心傳心，傳得了就是禪，傳不了就一時悟不透。

倘若不經考慮，便現出自己的本來面目。
若是臨近開悟的邊緣，經過這麼觸點，
即能當下悟道，這才叫做禪。

聽說知識太多的人開不了悟？

這是真的。
往昔禪師是自修的人士，
不曾進入學堂接受一連串的教育，
也不曾做過一連串的研究。
反而更接近自己的真面目，更容易開悟。
現代人追求知識，把自己的腦袋塞得滿滿的，
有了太多的答案，根本打不開心扉，
怎麼能夠開悟？

禪師不需要老師嗎？

當然需要，只是不能太熱心，樣樣要幫助學生。
老師只能在必要時點一下，以鼓舞學生內心的迫切需要，
然後靠學生自己來完成他自己。
現代的老師對學生的幫助，往往超過學生的實際需要。

透過各種視聽教材，有時還要補習，
弄得學生忙碌不堪，怎麼會有感應的能力呢！

合適的老師往哪裡找？

「年少慎擇師」，永遠是必須重視的原則。
慧可博覽群書，對於儒道兩家都有所體會。
聽到達摩在少林寺面壁，趕緊前往參見，
這就是慧可的誠心。
慎擇良師，才有後來的成就。
現代父母也十分熱衷於替子女選擇老師，
可惜卻是以拿高分、能考上理想的學校為目標。
倘若明白真相，就知道父母是好心卻做了壞事。

達摩為什麼是好老師呢？

達摩知道學術式和哲學式的佛學，在中國已經流行多年。
他冷眼旁觀，發現佛教的實在精神，並沒有被顯現出來。
於是他不用口頭傳播，改採身體力行的方式傳佈。
我們可以說他是不通華語，又未獲得梁武帝的賞識，
所以不得不如此。
但是，達摩避開自己在傳播上的弱點，

發揚自己的優勢，實在是深具慧心啊！

有沒有初學者的公案？

有人問趙州禪師：「達摩祖師西來有什麼用意？」
趙州回答：「庭前柏樹子。」
又問：「和尚是不是將境示人呢？」
趙州回答：「我不將境示人。」
再問：「如何是祖師西來意？」
趙州回答的還是那一句：「庭前柏樹子。」
公案並不能用常識來進行推理。
我們要在內心深處，
體會趙州說「庭前柏樹子」這句話的心境，
自然能以心傳心，有所領悟。

有沒有比較容易瞭解的？

有一位想要求道的人，拜別雙親，到四川去尋訪無際菩薩。
半路上，遇見一位老和尚問他：「你要去哪裡？」
求道者老實回答：「想要去當無際的弟子。」
老和尚說：「與其去找菩薩，還不如去找佛。」

求道者嚇一跳：「哪裡有佛啊！」
老和尚說：「你回家時，看到有一個人披著毯子，穿反了鞋子前來迎接你，記住，那就是佛。」
這位求道者謹記在心，
回到家時才頓然覺悟，原來母親便是佛，
於是專心侍奉雙親，並書寫了一部《孝經》。

這不是道家的故事嗎？

對呀！
道家也可以有禪的味道。
這位老和尚就是無際菩薩，而那個求道者即為楊黼。
道家運用佛家的智慧，來宣揚儒家的倫理，
正是儒、道、釋合一的中華精神。
既然沒有分別心，就不必再分彼此。
學者居於研究的方便，各自設立領域，
但不必為了抬高自己，而貶低了別人。

打禪坐真的有幫助嗎？

《大學》說「定而后能靜」，
現代人能動不能靜，主要在於定不下來。

什麼定不下來呢？志向定不下來。

我們忙於比來比去，卻又捨不得丟棄，變得什麼都要。

漫無目標，做這個想那個；讀數學想理化；

坐下來想站著；站著時又想坐下來。

在這種瞎忙的時代，怎麼靜得下來？

所以打禪坐對現代人而言，就顯得特別重要。

靜才能悟嗎？

有一位修道人，在破廟的廢園中除草。

他拋擲一片片破瓦，碰擊到旁邊的竹子，發出聲音。

他聽到了這種聲音，忽然頓悟了。

靜並非代表沒有聲音，然而有聲音當然不靜。

我們不可能找到完全沒有聲音的地方，所以我們需要的是靜心。

聽所有的聲音，卻不只聽單一的聲音，也是一種靜。

在廢園中除草，心不雜亂，當然也是靜，

於是瓦片擊竹的聲音，也能引起頓悟。

現代人真的靜得下來嗎？

現代人忙於享受生活，

對烹調的美味、舞蹈的優雅、音樂的美妙，
以及各種官能的刺激，感到既羨慕又熱衷。
把自己的眼睛、耳朵和嘴巴，安排得沒有絲毫的空間，
還要加上手舞足蹈，當然靜不下來。
在這種知動不知靜、能動不能靜的大環境下，
更需要禪坐來協助靜心。

現代人如何才靜得下來？

現代社會，大家忙成一團，愈忙事情愈多。
現代管理，樣樣都要計較，事事都不能放鬆，大家都覺得壓力很大。
在這種情況下，已經不是忙裡偷閒，
或者週休二日、休閒郊遊所能夠抒解的。
我們需要的，反而是適可而止。
不要只想做事，不必整天使自己忙著。
坐下來，先做自己。從這裡開始，自然靜得下來。

怎麼做自己呢？

我們整天想做這個、做那個，就是不做自己；
關心這樣、關心那樣，反而不關心自己；
和這個談話、和那個通訊，從來不和自己對談，

彷彿把自己當做仇人或敵人對待。
我們最常做的一件事便是「整自己」，
好像非得把自己整垮，
才認為自己已經盡心盡力，無愧於天地自然。

為什麼會不關心自己？

因為我們的眼睛向外長，只會向外看，卻不知道內觀。
我們用觀察法來試圖瞭解外界的事物，
卻不能反求諸己，真正體驗我們身心之內的實相。
我們善於解決外在的問題，
對自己的內心，卻好像一點辦法都沒有。
我們認為所有的煩惱，都是外來的。
我們不明白煩惱的根源，
其實就藏在自己的內心深處。

煩惱源自內心深處，這是真的嗎？

儒家主張「毋自欺」，但是並沒有告訴我們自欺些什麼？
《易經》天人合一的說法，對現代人而言已經愈來愈陌生。
我們幾乎成為環境決定論者，

也是用可見的物，來顯示看不見的心。
唯心論是不存在的，因為心離不開物。

靜坐就是靜止嗎？

當然不是。
坐著，就是開始不忙其他的事，開始要做自己，這才叫禪坐。
「止」是靜止，安靜地坐著，但是心要在；
如果心不在，那就不算是禪坐。
心在不在，自己最明白；心妄不妄，也只有自己最清楚。
坐下來時，心在做什麼？
在觀。
觀什麼？觀自己的呼吸。
「止」可以說是專注，而專注的對象，
最簡單有效的便是呼吸。

為什麼要止觀呼吸呢？

我們想要拋掉所有的憂慮和煩惱，
最好的方法，便是不想過去，也不想未來，只想現在。
因為過去和未來都是長遠的，想來想去，都是沒完沒了。
只有現在最為短暫，一剎那就成為過去。

現在有什麼可想的？
最單純的，莫過於自己的呼吸。
呼——呼——呼——吸——吸——吸——
既要緩慢又要細長，還要能夠連在一起不中斷，
這時還會分心去想別的嗎？

呼吸順了心就靜了？

人是習慣的動物，
剛開始觀呼吸時，不一定會靜下心來。
往往數到幾下，就分心了，
想到其它的事情，忘記了呼吸。
這時我們不必著急，更不要給自己壓力。
先坐一分鐘，不要一開始就要求自己坐多久。
一分鐘就夠了，因為好的開始，是成功的一半。
只要一分鐘坐得下來，然後再一分鐘，又一分鐘，
習慣成自然，就可以隨時止觀了。

練習呼吸一定要坐著嗎？

行、住、坐、臥，隨時都可以練習呼吸。

我們都知道，空氣、水和食物，是生活的三大要件。
可惜我們的想法是空氣和水取之不竭、用之不盡，
操心做什麼？
反而把自己的注意力，集中在食物上面。
現代人對水已經愈來愈重視，
倘若能兼顧空氣，豈不是更好？
所以呼吸、呼吸，對我們來說，
時時可行，也處處都要留意。

禪坐的目的是什麼？

我們的身體，實際上是一個含有神祕力量的電池。
可惜大多數人，都不知道如何適當地運用這種力量，
以致身體逐漸腐朽終至枯萎凋謝，
或者由於不當使用而受到損傷。
禪坐的目的，是內觀自己的內心，認識自己的本性，
以期真正瞭解生命的意義，從中獲得無比的滿足，
當然沒有任何憂慮、苦惱的疑雲。

坐禪還需要公案嗎？

當然需要。

公案和坐禪，是禪的一體兩面，
光坐禪而不參公案，很難訓練我們內心達到悟的境地；
只參公案而不坐禪，也不能瞭解公案的深刻精神。
我們可以這樣說：如果公案是眼睛，坐禪便是雙腳。
眼睛和雙腳必須密切配合，才能修禪，也才有機會開悟。

為什麼要開悟？

因為我們這一輩子生而為人，主要目的即在開悟。
明白我們此生所為何來？
怎樣才能完成這一生的任務？
怎樣才能做得更好？
但是，我們一出生時，就被陌生的環境迷惑了，
以致原本知道的，也全忘光了，
這就是人生而矇昧，必須有效加以啟蒙的現實狀況。
人人都這樣，誰也避免不了。

真的能夠開悟嗎？

理論上是真的，實際上卻不一定。
要看自己的努力和緣分，並不是今生今世所能夠完全掌控的。

孔子主張「盡人事以聽天命」，
便是因為「盡人事」是我們可以掌握的部分，
我想要仁，仁就來了。
至於能不能夠開悟、澈底了解人生，那就要看天命如何？
並非我們這一生所能夠完全掌控的。

天命不是由我們自己來訂嗎？

是的，
天命是每一個人自己先天所訂定下來的人生規畫，
相當於先天的一生計畫書。
但是後天的認識，往往只限於這一生、這一世，
對於出生以前的情況，既難以瞭解也不敢完全相信，
所以只用這一生所知道的情況，
要來瞭解自己這一生的天命，實在有困難。
也就是因為有這種具體的侷限存在著，
所以我們才需要開悟，以期明白自己獨特的天命。

每一個人的天命都不相同嗎？

人的天命，有相同的部分，也有不同的部分，可以說是大同小異。
「大同」指人的共性，大家都一樣；

「小異」的部分，則稱為個別差異，
也就是各人有不相同的個性。
「人同此心，心同此理」，說的是共性；
「人心不同，各如其面」，那就是個性。

開悟的是哪一部分呢？

共性和個性，都需要開悟。
因為只要有一部分執迷不悟，
就不能見性，亦即不能看清自己的本來面目。
佛家希望我們張開第三隻眼睛，便是提醒我們：
這兩隻眼睛所看見的，並不是真的，
只不過是「眼見為真」而已，
根本是虛的，不可能是實的。

為什麼說「眼見為真」呢？

依據一陰一陽之謂道，
「眼見為真」的意思，應該是：原本不是真的，
但是我們沒有辦法看到真的，不得已才把它當做真的。
「眼」這個字，由「目」和「艮」組合而成。

「艮」是止，「目」為眼，
象徵眼睛所見，是有限制的，僅止於一小部分，
這是現代科學已經證明的事實。

為什麼眼睛所見並不是真的？

當我們看見太陽出來的時候，都會自然而然，
喊出：「太陽出來了！」的歡呼聲。
但是，科學告訴我們：
其實這是地球在動，太陽是不動的恆星，
所以應該說：
「我們的地球轉過來了，又看到太陽了。」
我們明明看見太陽出來了，卻不是真實的，
只能夠眼見為真，其實這也是不得已的啊！

怪不得沒有腿的人還會抓癢？

把腿截掉了，有時還會覺得腿在疼痛，
用手去抓癢，就成為隔空抓癢。
這是原本有腿，所以曾有腿痛的經驗，
後來把腿截掉，卻仍保留了疼痛的感覺。
倘若生來就缺一隻腿，這一隻空的腿，便不會有痛覺。

可見腿痛並不在於腿，手癢也不在於手。

那到底在哪裡呢？

在「我」啊！

是我在痛，而不是身體在痛。

當我們視而不見、聽而不聞的時候，應該可以體驗到，我原本也有兩個部分：一為真我或本我；一為我的身體，好像是真我或本我的工具，但並不是我。「我」也是一陰一陽，一陰為「真我」，一陽不過是「義我」。

為什麼身體稱為「義我」？

當一個人必須截肢時，通常會在截肢之後，裝上一具義肢。義肢可以使用，卻不是本來的手腳。靈魂是真我或本我，既看不見又動彈不得，必須透過手腳，才能有所行動。

因此我們常誤認為身體即是「本我」，卻不明白，原來身體不過是「義我」。可以使用，卻不是本我。

我們和自然環境有什麼關係？

我們是大自然的一分子，
但是，我們的靈魂，卻被身體團團包圍起來，
看不到外界和實物，
只能夠憑著感覺神經，對外界的現象做出反應，
物的真正面目我們無法看見。
由此可以推知，
我們的本來面目，我們自己也看不清楚。
知人難，知己尤其困難，便是明證。

我們真的有第三隻眼睛嗎？

當然是真的，而且第三隻眼睛還有名字，叫做「慧眼」。
我們常說：「慧眼識英雄」，
便是能夠識別真才實學的意思。
佛家認為看得見過去和未來的，稱為慧眼。
《無量佛經》指出：「慧眼見真，能渡彼岸。」
有一天倘能以智慧劍斬煩惱賊，那就是開了第三隻眼。
兩隻看得見的眼睛，其實是陰的，經常看得模模糊糊。
而第三隻眼睛，才是陽的，看得清楚明白。
可惜大多數人，都無法打開這第三隻眼。

靈魂做些什麼事情呢？

我們只看到身體手足在做事，卻看不到靈魂在做事。
因此認為只有身體才能做事，靈魂似乎毫無作用。
實際上，身體手足會做事，是接受了靈魂的命令。
動植物的本能，由天（自然）控制，
就好像禽獸的所有行動，完全是受到本能的驅使。
只有人的動作，是由我（靈魂）做主宰。
這就是「人為萬物之靈」的具體證明。

靈魂可以自由發出命令嗎？

當然不能，
靈魂和自然是相通的，叫做天人合一。
靈魂要發佈命令，必須合乎自然規律。
換句話說：
符合天道的命令，必然是善的、正的，能夠使人心安的。
不符合天道的命令，是惡的、邪的，使自己心不安的。
通常的情況，是靈魂遵守天道，而身體卻不尊重人道。
也就是「本我」很純正善良，
但是「義我」卻經常為非作歹。

但是一般僧人，口中常唸眾生平等，在君王面前卻自甘於不平等，如此一來，豈不是害了君王，讓他一輩子不能悟道嗎？

還有嗎？

善慧菩薩穿著和尚的袈裟、道士的帽子、儒生的鞋子，前去朝見梁武帝。
武帝覺得這樣的打扮，近乎奇裝異服，
於是問他：「你是和尚嗎？」善慧指一指帽子。
武帝又問：「你是道士嗎？」善慧指一指鞋子。
武帝最後問：「你是方內之人了？」善慧指一指袈裟。
善慧這樣做，用意在提醒武帝：
將儒、道、釋融合為一家，才能一以貫之。

平常人也點得醒嗎？

不一定，
有人點得醒，就有人點不醒。
我們只管點，醒不醒由他。
有一個人，對自己是私生子一事耿耿於懷，常常弄得自己很不開心。
他的朋友問：「當你不是私生子之前，是誰？」
這個人聽了，當下沒有反應，
但是不久之後，忽然打電話給那位點他的朋友，說：「我就是我，我就是我！」

點不醒怎麼辦？

《易經》說：「自天祐之，吉无不利。」
求天求神是沒有用的，求他人也是徒勞無功。
我們必須明白：自求多福，才是正道。
因為上天諸神只保祐自己努力的人，得道多助、天助自助呀！
人只有靠自己，才能改變自己。
「悟」是「吾」加上「心」，
別人只能點。
醒不醒，卻必須靠自己。

對偷竊的人，也可以點嗎？

有一個人偷東西，主人並不在意。
不久，這人又偷了東西。
眾人十分憤怒，要求主人把他趕走，否則大家都要離去。
主人當著所有人的面說：
「你們都是聰明的道友，知道什麼是對的，什麼是錯的。
所以，如果你們願意離開這裡，到別的地方去，我都同意。

只有這位可憐的道友，甚至連是非、對錯也分不清楚。
如果我不教他，誰願意教他呢？
即使你們全都離去，我也願意留他在這裡。」
偷東西的人淚流滿面，從此痛改前非。

為什麼稱為道友呢？

儒、道、釋三家都講道，
是不是因為《易經》講的是「一陰一陽之謂道」，我們真的不知道。
但是，「道」就是路，
人不能沒有路走，再怎麼樣也要找到自己的路，所以說「盜亦有道」。
無論行什麼道，都離不開人生大道。
中華民族十分重視做人處世之道，代表著我們的人生觀和宇宙觀，
因此互稱為同道、道友，是十分普遍的情形。

中華民族為什麼和道的關係如此密切？

因為我們有《易經》，使我們明白天底下所有的事物，
都離不開「一陰一陽之謂道」。
有看得見的，便有看不見的。
我們知道：我是人，然而這個人（身體）並不是我。
我在求知，並非我的身體在求知。

我是萬物中的那個靈，所以應該要和萬物有所區隔。
人為萬物之靈，具有天賦的明德，也就是人性，
不能夠被掩沒、扭曲。
務必彰顯人道，才是人生的意義，
所以炎黃子孫和道的關係至為密切。

為什麼我們這麼重視道呢？

中華文化最重視的便是道。
它說明了我們的人生觀，告訴我們為人處世的道理，
還隱隱約約地指引出我們的宇宙觀。
〈禮運大同篇〉說得十分明白：「大道之行也，天下為公。」
大道的運行，各自不同。
然而共同的目的，全都是為了公共大眾。
宇宙萬物，都依循著各自的路線進行著，
看起來各為其私，實際上全都為公。

禪的道是什麼？

禪沒有固定的教義，沒有嚴格的教條，沒有必讀的聖經，
也沒有上帝來保證我們最終能夠得救。

禪道的要旨，在促使我們高度自覺，因而獲得內心的平和，我們把它稱為生活智慧，實際上就是《易經》的智慧。因為我們長久以來，已經成為《易經》的民族。我們的生活，已經離不開《易經》的範疇。

禪修的第一步是什麼？

我們常說：不要煩惱，意思是不要勞煩我們的腦。現代人卻剛好相反，時時煩惱、事事煩惱。禪修的第一步，便是不要煩惱，面對話語，卻不去思想它。把平常採用二分法的思維習慣逐漸消滅，改用三分法思維。如此一來才能拋棄假的，而把握到真的。現代人大多喜歡是非分明，常不自量力地掉入自以為是的陷阱。要開悟非常不容易，這也是一種自作自受啊！

禪師具有慧眼嗎？

你看，這就是二分法思維。誰知道有沒有？通常是有時候有，有時候卻沒有。對張三有，對李四沒有，怎麼能夠說有或沒有呢？我們不必問禪師有沒有慧眼？也不能張開眼睛，去選擇有慧眼的禪師。

許多人在這種心態下，誤了自己一生，還執迷不悟，認為自己沒有開悟，是因為找不到高明的禪師，乏人指點，運氣真的很不好。

像這種自欺的人，實在是非常可憐！

那該怎麼辦呢？

禪師是可遇不可求的，這才叫機緣。

大凡機緣成熟，人人都是獨具慧眼的禪師。

倘若機緣不成熟，怎麼找都找不到，那又何必強求？

我們所要做的，是充實自己，伺機待時，還要稍安勿躁。

必須培養出高度的警覺性：

每一個人，都有不同的禪師，忽隱忽現，時來時往。

我們最好能抱持這樣的心態：

人人都是禪師，句句都是禪語，而樣樣也都是公案。

開悟不開悟，全看自己？

那是當然。

禪的目的，在促使我們直見本性。

什麼時候？做什麼事？在什麼情況？遇到什麼人？

能不能開悟？
誰也不知道。
特別是現代社會，有太多東西，引誘我們遠離自己，
根本無法返回真實的本我。
很多現代人，能動不能靜，又喜歡自認為高明，
以為自己有能力選擇禪師，實在很難開悟。

原來「看自己」便是「看到真實的自己」？

對呀，話語原本十分明白清楚。
看看你自己，就是看看能不能找到真實的自己。
偏偏有很多人，要把這麼清楚明白的話，
解釋得自認為十分玄妙，讓大家反而聽不懂。
人類在許多方面，都是在開倒車，卻愚昧得無法看清。

「充實自己」是不是「充實自己的知識」？

當然不是。
特別是現代知識，大多是西方式的，
重視思維、推理和空洞的理論。
對我們來說，那種過分重視大腦而犧牲整個意識的其他部分，
實在是開悟的最大阻礙。

禪宗主張不立文字，即在提醒我們：
要重視悟的境界，
而不是把注意力放在描述這種境界的文字上面。

難怪知識愈發達，開悟的人愈少？

放眼看人群社會，開悟的人被當做怪人。
就表示這個社會真的很少有開悟的人了。
現代的知識，喜歡叫我們向外面看，
徒然看得眼花撩亂，即使熟悉各種知識，也還是難以開悟。
我們最好記取佛陀的親身體驗：
向裡面看，原來自己就是佛。
其實孔子也不斷要我們反求諸己。
可見凡是向裡面看的，才能成佛成聖。

難怪老子說「為道日損」？

確實如此。
為學日益，向外求取的知識，
頂多讓我們有勇氣穿西裝打領帶，出席各種會議侃侃而談，
處理各種事務時自信滿滿卻效果不佳，實在令人納悶不解。

炎黃子孫喜歡問道、求道、悟道、行道，通過冥想或體驗，領悟到事物的整體，逐漸減少妄為、亂為，以及自以為是的作為。不但自己省悟，也可以減少消費他人的資源。

禪師論道有什麼目的？

禪師論道，主要在檢驗自己的悟性，並沒有真理愈辯愈明的功能。不存心讓別人難堪，也不設法炫耀自己。透過鋒利的話語，來直探自己的本我。什麼時候能夠不經大腦的思慮和推理，便立刻洞見自性，那就近乎開悟了！其實，各人有各自的機緣，急也沒有用。辯贏了也是白忙一場，何必咄咄逼人，自認高人一等呢？

請再舉個例子？

馬祖是四川人，十二歲出家當和尚。後來到南嶽學坐禪。住持問他：「你學坐禪，為的是什麼？」馬祖回答：「要成佛。」住持拿一塊磚頭，在馬祖面前磨。馬祖問：「你磨磚做什麼？」住持回答：「磨磚作鏡」。馬祖問：「磨磚怎麼能做鏡呢？」

住持說：「磨磚不能做鏡，坐禪又豈能成佛？」
馬祖問：「那要怎樣才能成佛呢？」
住持說：「牛拉車子，倘若車子不動了，請問你是打車呢？還是打牛？」

後來怎麼樣？

住持看馬祖答不出來，
這才接著說：
「請問你是學坐禪，還是學做佛？
如果學坐禪，並不在於坐臥。
如果學做佛，並沒有一定的狀態。
法是無住的，我們求法也不應該有取捨的執著。
你如果學做佛，就等於扼殺了佛。
你若是執著於坐禪，便永遠不見大道。」

如果還是聽不懂，怎麼辦？

用不著說出來，自己心中有數，再伺機待時，
這樣不就好了？
有話就說，加上有話直說，表示口沒遮欄，並非開悟。
聽不懂，聽不懂，還是聽不懂，

忽然間懂了，才叫頓悟，其實也是漸悟。
聽懂了，又似乎不懂。
說不懂，又好像懂，這才有趣。
完全懂了，把人做完了。
成為完人，豈不是準備回去了？

怎麼知道自己開悟了沒有？

又來了！
開悟，沒有開悟，是一回事，不是兩回事。
基本上，人只要活著，便沒有完全開悟。
要不然，為什麼活到老要學到老呢？
人活著，就會面臨各種變化，就有事情做。
自己認為開悟了，只是給別人多了一個笑話。
「悟」字表示「吾心」，只能夠在心中盤算，不應該說出來。
開悟的人，心若有邪，立即變成沒有開悟。
這是大自然最為嚴苛的規律，誰都不例外。

怎麼談禪呢？

禪是不能談的，一談就變成口頭禪，
好比現代的搞笑，害人也害己。

德山禪師執行得最為嚴格，一開口就打。「道得」也三十棒，「道不得」也三十棒。過去，我們的父親、師長，也常常奉行這種規定，開口就是當頭棒喝。現代人可沒有這種膽量，歐美更立法禁止，禪要怎麼談呢？然而，禪又是不能不談的，真的是兩難，不過這樣也合乎「一陰一陽之謂道」的原則。

「是非分明」的人很難開悟？

這是當然，不過「是非不明」的人更難開悟。二分法思維使我們腦筋僵化，非A即B，不是對便是錯，當然不可能開悟。整天糊裡糊塗，既不想分辨是非，也沒有能力分辨是非，有什麼本事能夠開悟？開悟的先決條件是「三分法」思維，也就是《易經》思維。「三」代表天地人三才俱備，是整全的意思，合起來想，而不分開來看，比較容易看出自性。

什麼叫做「三分法」思維？

人家說什麼，我都相信；人家說什麼，我都不相信。

上述兩句話，看似有所不同，實際上完全一樣，稱為「一分法」思維。
沒有選擇，照單全收，怎麼能夠開悟？
人家說什麼，我必須經過思慮、分辨、研究、判斷，
然後才決定相信或不相信，這是「二分法」思維，
也是近幾百年來，西方極力向全世界推廣的方法。
聽起來很好，實際上卻害人無數。
而「三分法」思維，則是不管人家怎麼說，
我既不會相信，也不會不相信，
反正一切看著辦，到時候再說。

為什麼「是非分明」不好呢？

這不是「好不好」的問題，
否則又會掉入二分法的陷阱裡。
探究好又怎麼樣？不好又怎麼樣？這才符合實際的需要。
我們的認知能力十分有限，
科學愈發達，愈發現我們知道得太少，還有很多不知道的東西。
我們的選擇能力太差勁，
經常把「早知道」這句話掛在嘴邊，
後悔當時並不知道，所以才選錯了！
我們的判斷能力實在很糟糕，
現在認為對的，過些時候才發現原來並不對。

把好人看成壞人，卻將壞人當做好人看待。
這樣的人，怎麼有資格、有能力做到是非分明呢？
不過是欺騙自己而已！

那是不是「不明是非」才好呢？

不明是非、是非不明，
大家都厭惡，任誰也不喜歡。
做人做事，明白是非是必要的基礎，
只要是非不明，基礎已經不穩固，
再開悟也沒有用，何況根本開不了悟！
我們非常討厭「不明是非」的人，卻也很不歡迎「是非分明」的人。
很多人想不通，因為被二分法思維綁死了腦筋，
以致轉不過來，忘記了我們還有第三條路可走！

什麼是第三條路呢？

「慎斷是非」便是第三條路——
站在不容易是非分明，又討厭是非不明的立場來慎斷是非。
由於時時都可能出現變數，
因此是非的判斷，也常常有所調整，

以致看不明白的人，反而覺得搖擺不定，似乎沒有足夠的信心。
現代人要自信而忽略自性，便是深受二分法思維的束縛，
看不懂三分法思維的靈活性，才產生這樣的誤解。
又是一種把不對的看成對，把好的反而看成不好的實例。

原來會打會罵的，才是好禪師？

這種一分法思維，使得很多人濫用打罵，
造成很大的傷害，這才引起眾人的反對，
甚至於對打罵喪失信心，要立法來加以禁止。
「會打會罵」和「不會打不會罵」是一樣的，沒有什麼不同。
因為關鍵在「會」，而不在「打罵」。
什麼叫做「會」？就是適時、適地、適人、適量，
也就是打罵得合理，產生良好效果，才叫做「會」。
可見同樣一句話，要看怎樣解釋，才方便判明是非。

禪是不是激起我們的下意識？

說下意識、潛意識或者超意識，其實都不妥當。
禪所要達成的任務，是直達我心的深處，
因為那才是自性的所在。
我們心中，有許多超越相對形成的意識，

不管叫它什麼，都不是整全的，只是部分的。
然而我們的心，是一個看不見的整體，不能分割，以免弄得支離破碎。
就像現代的知識分子，各有專業知能，
卻難以整合，找不到共識。

禪師們難道不是各說各的？

太對了！
往往一位禪師這樣說，另一位禪師就會那樣說。
目的在啟發我們：嘴巴只有一個，而道理卻是多面相的。
我們在同一時間，頂多只能說出片面的道理，
無法兼顧其他的方面。
禪師們各說各話，我們才有機會聽到整全的東西。
倘若只聽一面之辭，就會輕忽了其他各方面，
我們說「同流合污」，可見並非良策。

那麼公案也不能用了？

真是太好了！
公案好比一條船，可以把我們渡到彼岸。
我們登上船，順利到達彼岸之後，

為什麼還要把那一條船揹在自己的肩膀上，徒然增加自己的負擔呢？
把船丟棄，並不是浪費，而是捨得讓別人使用，
有肚量，也有修養。至於是不是功德，可別這樣想。
因為不想還好，一想就覺得很不開心，
怎麼沒有感恩圖報呢？至少也應該道聲謝呀——
這樣的想法，豈不是自尋煩惱！

要不要用心呢？

有一位禪師，當他寫字時，喜歡問弟子他寫得怎麼樣？
有一次，一位膽大的弟子陪同他寫字。
這位弟子準備了一大桶墨水，也很用心批評老師的作品。
第一遍寫完，弟子說：「不好。」
第二遍寫完，弟子說：「比第一遍還壞。」
連續寫了八十四遍，弟子都說不好。
後來，弟子出去端茶水，禪師鬆了一口氣，心想：
終於有機會逃避弟子那敏銳而毫不客氣的目光了。
於是，禪師完全不把弟子放在心上，一揮而成。
弟子端著茶水回來，大聲叫好：「真是傑作！」

這樣是用心還是不用心呢？

現代人果真很難逃脫二分法思維的魔掌。
用心和不用心，不過是程度上有所差異，
為什麼一定要硬性加以區隔，好像非對立不可？
用心寫字，實際上已經不用心。
至少不能完全用在寫字上面，已經分心到要弟子叫好上面。
用心要弟子叫好，也分心在寫字上面，
這種情況，到底是用心還是不用心？實在「很難講」。
其實炎黃子孫在回答問題之前，
經常會把「很難講」三個字掛在前面，就是一種高度智慧的表現。

達摩只留下一部著作嗎？

老子一部《道德經》，
就足夠後世子孫甚至於外國人士忙上好幾千年。
達摩只留下一部《四行觀》，也已經足夠我們深究多時了。
達摩最大的特色在於理法合一，把抽象和具體打成一片，
這是《易經》的精神，
使達摩能更加靈活，有如生龍活虎般，
把儒、道、釋融合在一起，站在一以貫之的太極立場，
如此的一部經典著作，就夠我們用了。

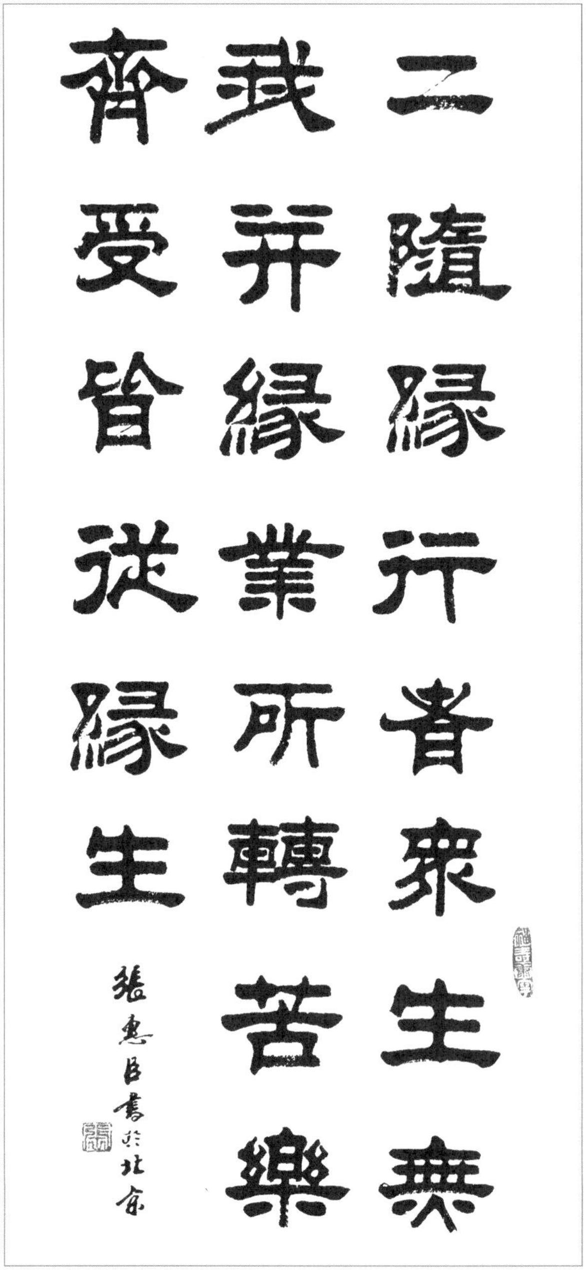
二隨緣行者眾生無
我并緣業所轉苦樂
齊受皆從緣生

二隨緣行者
眾生無我
並緣業所轉
苦樂齊受
皆從緣生

若得勝報榮譽等事
是我過去宿因所感
今方得之
緣盡還無
何喜之有

若得勝報榮譽等事是我
過去宿因所感今方得之
緣盡還無何喜之有

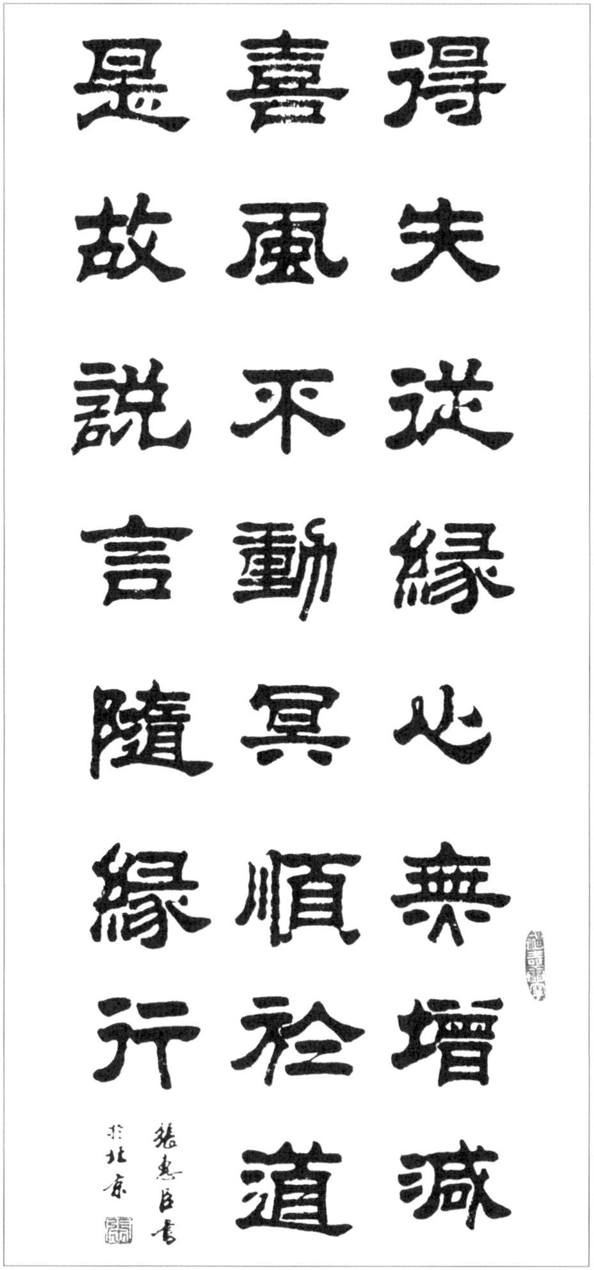

得失從緣
心無增減
喜風不動
冥順於道
是故說言隨緣行

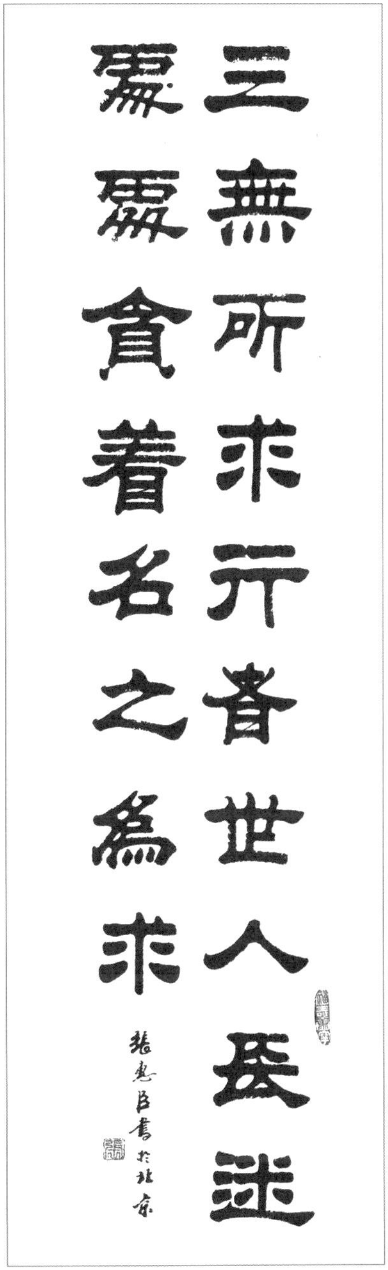

三無所求行者
世人長迷
處處貪著
名之為求

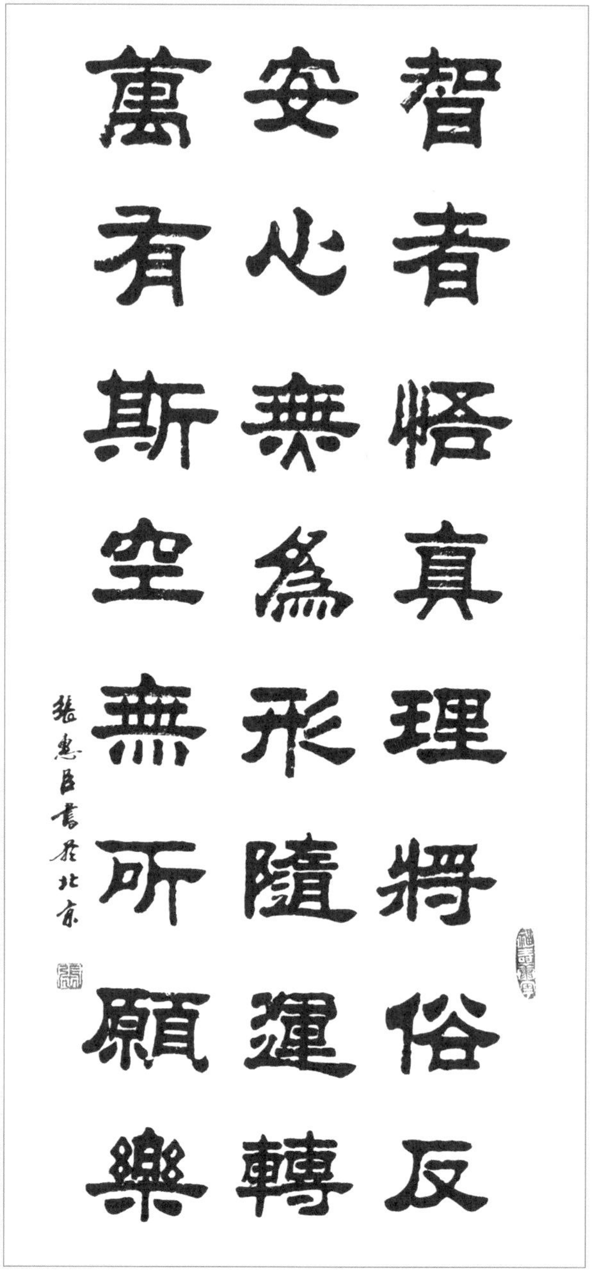

智者悟真
理將俗反
安心無為
形隨運轉
萬有斯空
無所願樂

功德
黑暗
常相隨逐
三界久居
猶如火宅
有身皆苦
誰得而安

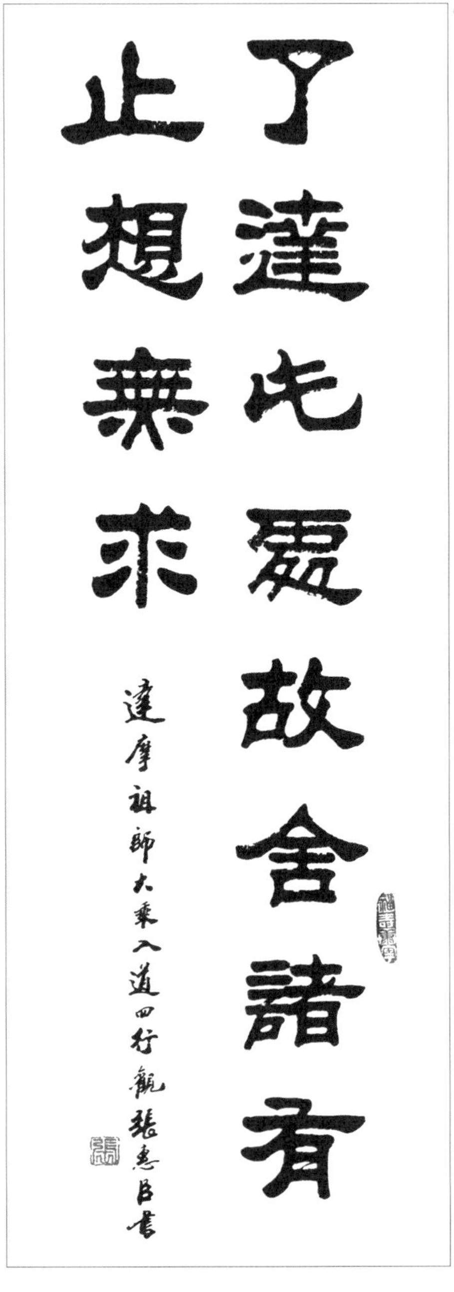
了達此處故捨諸有
止想無求
達摩祖師大乘入道四行觀

了達此處
故捨諸有
止想無求

經曰
有求皆苦
無求即樂
判知無求
真為道行
故言無所求行

後記

人類的根本要求是心安理得。
心安與否？是一種狀態，
必須依附於某一事物，才能具體落實。
於是道理便成為大家普遍依附的指標，
中華民族更是如此。
我們最喜歡講道理，也最擅長說道理。
但是，無論什麼人，想和我們講道理，
恐怕是世界上最為困難的事情，
因為我們大多數人，只相信自己的道理，
很不容易相信別人所說的道理。

大家好好商量、重視民意，如此才能得天下呀！

溝通的原則是什麼？

「看情勢而定」應該是不易的定律。
情勢有利的人，何必先開口？
樂得清閒，裝做不知道最好，免惹閒事；
情勢不利的人，敢不開口？
形勢比人強，這時候雙方心知肚明，
由情勢不利的人，小心翼翼地先開口說話。
而情勢有利的人，
則是斟酌當時的情況，做出合理的回應。
接下來再看第二回合該如何進行？

這不是玩孫子兵法嗎？

那當然。
要不然，我們為什麼說「家家有兵書，戶戶觀世音」呢？
害人之心不可有，防人之心不可無，
這不是「一陰一陽之謂道」嗎？
《孫子兵法》如果只用在戰爭，豈不是太小看了它的效用？
我們的道理是通的，

岳飛當年感慨：「運用之妙，存乎一心。」
很妙，岳飛什麼都好，就是自己莫名其妙。
我們並無不敬之心，只是提醒大家：
人人都有罩門，
會不知不覺說出來，而自己卻聽不明白。

什麼「罩門」？

「罩門」好比人生道路上的關卡，每一關都是一個罩門。
一年有二十四個節氣，
過得去值得恭喜，因此形成過節的習俗；
萬一過不去，那就成為劫難。
遇劫了，過不去了，也就回去了。
名、利、權、勢是四大關節，
同樣過得去大家恭喜，過不去自己倒霉。

什麼關卡最難過？

我們不是說「年年難過年年過」嗎？
告訴大家難過的年才好過。
反過來說：好過年就不好過了。為什麼呢？

因為容易陰溝裡翻船，造成「大意失荊州」的慘劇。
《易經》不斷提示我們：
人活著，就必須保持高度警覺性，也就是深度的懷疑心。
步步為營，小心翼翼，這才是生活智慧。

聽起來很有禪味？

這就對了。
《易經》形成我們共同的文化基因，
融合出我們常說的成語或通俗的諺語。
禪自六祖以後，普及社會大眾，化成我們的生活智慧，
隨時隨地，表現在我們的日常生活當中。
只要警覺性夠高，懷疑心夠重，
經常可以聽出很多妙不可言的警語。

孔子倡導「安人」，能不能如願以償？

儒家的柔術，是我們生存的要訣。
為人處世，向孔子學習，應該會有很大的助益。
然而孔子最出色的學生顏回，卻帶給我們很大的警惕：
學得最好，很可能不幸短命死矣！
即使孔子「七十而從心所欲」，

下面仍然要加上「不逾矩」的字眼。一個人太認真了，
在現代這種不重視人格只看重位格的管理氣氛裡，很容易猝死。
想要己安人亦安，恐怕還需要道、佛兩家的配套，更為安全。

道家對現代人有何助益？

現代人既現實又忙碌，加上盲目追求精確和績效，
弄得人人疲乏不堪，還要強打精神。
造成前三十年拿命換錢，後三十年拿錢換命的莫大困擾。
倘若不能及早反省，自我救治，實在是非常可憐。
道家的貴身、養身、健身，
至少可以在保生方面，提供很多的指導，
使我們既有儒家的求生術，也有道家的保生妙法，
如此一來將更為心安。

信佛是迷信嗎？

當然不是。
然而有些人要迷信，也就是信到著迷的地步，
我們也拿他沒辦法。
「佛」字「人」旁，表示原本就是人。

「弗」的意思是「不」——
不是一般的人，所以才叫做「佛」。
一般人口頭上說自覺，
卻始終不能覺悟，所以不是佛。
梵語的佛，是佛陀的簡稱，
翻成中文，應當是「覺者」，也就是覺行圓滿的大聖人。
我們拜祖先、拜聖人，當然也可以拜佛。
但是，無論拜什麼，拜到差不多就好，便不會迷信。
再下去，很可能會著迷，
要特別謹慎，多加小心。

「差不多」不是最糟糕的嗎？

「差不多」的意思，是不能差太多，
不幸被扭曲成就是差太多，
這才使大家敢做而不敢言，自己騙自己。
差太多就是差太多，為什麼要說差不多？
差不多當然是不能差太多，否則憑什麼說差不多？
像這種簡單明白的道理，早已深入人心，
百姓都能夠日用而不知，十分自然，
偏偏有人加以曲解，
不論有意或無意，終究造成了很大的遺憾！

開悟也只能差不多嗎？

完全開悟，還需要做人嗎？
人生在世，實際上就是為了開悟。
透過各種活動，無非是為了這一樁大事，
倘若做完了，便成為完人，可以回去了。
人活著，就會面臨不同的變化。
原本以為開悟的，又悟到原來還有一些障礙，
這是人生最大的樂趣。
差不多，差不多，還差那麼一點點，
剩下的歲月，才有事可以做，多麼愉快！

為什麼有人執迷不悟呢？

完全執迷不悟的人，我們稱之為「至死不悟」。
萬一死了才悟，豈不是悲傷至極：
這一生白活了，枉費來這麼一趟。
可見完全不悟，並沒有什麼不好。
反正沒有感覺，日子也很好混。
我們最害怕的，是忽然悟了，覺得對不起自己，也害了很多人。
所以早悟早好，才成為大家共同努力的目標。

說起開悟，大家都很有興趣；
禪宗的當頭棒喝，大家也大多樂於接受，
對自己有莫大的助益，為什麼不接受呢？

真的能夠開悟嗎？

不知道。熱衷於開悟，原本就是貪婪。
開了不喜，不開也不憂，唯有抱持這樣的精神，才能「樂生」。
我們活在世間，是為了享受開悟的過程，並不是為了追求開悟的結果。
六祖慧能於公元七一三年，宣佈自己將不久於人世時，
弟子們都放聲大哭，只有神會默然不語，也不哭泣。
慧能說：
「只有神會一人超越了善惡的觀念，達到毀譽不動、哀樂不生的境界。」
開悟的人，根本就沒有開始，也沒有終了，
只剩下開悟的過程罷了！

六祖真能夠預知死期？

當時六祖七十六歲，在新州國恩寺，向弟子說：
「我很清楚自己究竟要到哪裡去。如果我對自己的死一無所知，
我又如何能能預先告訴你們？你們之所以哭泣，
是因為不知道我死後往哪裡去？如果知道了，便不會哭泣。」

接著，六祖又告訴大家，法性是不會生滅的。

什麼叫做「法性」？

我們已經知道，「法」指一切事物。
不論大小，有形或無形，全都是「法」。
「法性」便是諸法的本性，
所有事物的本性，都叫做「法性」。
在有情方面，稱為「佛性」；在無情方面，叫做「法性」。
佛家常說的實相、真如、法界、涅槃，都是「法性」。

人的死期，能不能商量延長一些？

當然可以，但是不可能人人都能延長。
開悟的人，可能在死前七天，提出預告。
倘若尚有重大事情，可以延長一週。
大多數人，並不是在預告死期以後才來延長。
我們可以透過修行積德，各種佈施，來延長自己的壽命。
了凡的故事，便是很好的例證。
了凡原本歲壽不長，也能多活很多年。
然而，若是太貪了，想要追求永生，那就是不可能辦到的。

真的不可能永生？

生理方面，自古以來沒有例外，有生必有死。
秦始皇、漢武帝想盡辦法，仍然一籌莫展。
精神方面，的確可以永生。
古聖先賢提供「立功、立德、立言」三不朽的法寶，
只要三者有其一，即能永生。
什麼叫永生？
答案是永遠地存活在他人心中，而不是永久地不死亡。
靈魂不死，這是屬於個人的機密。
是真是假，科學迄今尚無法證明。
然而精神長存，則是史上多有明證。
史可法、林則徐，離現代比較近；唐太宗、李白、杜甫、岳飛則比較遠一些。

不是說岳飛莫名其妙嗎？

岳飛是南宋時代的英雄，畢生忠勇，務求「還我河山」，
雖然就現代的環境來看，已經事過境遷，沒有那麼迫切的感覺，
好像時間可以解決所有的問題，何必著急。
然而岳飛一生不論擔任文官或武將，
皆以「文臣不愛錢，武臣不惜死」的信念自持自律，
這樣的精神一直到現代，都還是值得大家效法。

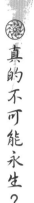

我們不過是把他所說的「運用之妙，存乎一心」這一句話，
和他的作為相對照，指出他的無奈，絕對不減損他的千古芳名。

為什麼說無奈呢？

每一個人，生存的環境都不太一樣。
家家有本難唸的經，人人都有一些無可奈何的處境。
這就是我們常說的命，連孔子都沒有辦法改變，
只好感嘆：「時也，命也！」
我們在面對無可奈何的命時，並不是毫無辦法，
而是必須反求諸己，盡心盡力，盡人事以聽天命。
儒、道、釋三家，在這方面都十分積極，
中華民族永遠自強不息，這就是向天學習的偉大精神。

那不是很辛苦嗎？

人生在世，有苦也有樂。
但是樂的時候，總覺得日子過得飛快，
不久就一片空白，好像是空過了。
反而苦的時候，過得既緩慢又長久，
留下了很多寶貴的回憶。

原來苦和樂，都是大自然用來磨練、考驗我們的機制，
看看我們能不能過苦日子？能不能過快樂的日子？
只有能苦也能樂，才叫做隨遇而安。
懂得苦中作樂，是一種了不起的生活藝術。

人生必定要吃苦嗎？

吃得苦中苦，方為人上人。
大自然用苦來救人，用樂來毀人。
「生於憂患」，表示人的生存，往往出於憂患，
愈磨愈耐磨，適應能力強，比什麼都可貴。
「死於安樂」，告訴我們死亡來自於安樂。
日子很好過，生活日漸懶散。
身體太舒服，健康就容易出問題。
安樂慣了，稍為受一點小苦，便叫苦連天。
生存能力差，誰都救不了。

不是說「生死要置之度外」嗎？

「生死置之度外」這句話，
要和「身體髮膚受之父母，不敢毀傷」合起來看，
才能體現出「一陰一陽之謂道」。

生死是人生的大事，怎能輕易置之度外？
但是為了正義，為了國家民族的興亡，
個人的生死又算得了什麼？
這時候移孝作忠，當然捨我其誰。
凡事都有「平常」與「非常」的不同情況，
例行是一套，例外時另有一套。
我們常稱讚別人：「了不起，有兩把刷子。」
為什麼要兩把？
一把刷衣服，一把刷皮鞋，用途各有不同呀！

什麼是道呢？

雲門禪師是浙江嘉興人，俗姓張。
他資質聰敏，特別善於言辭，後來成為雲門宗的祖師。
有人問：「什麼是道？」
他急切地回答：「去。」
意思是自由無礙地，去做適合自己的任何事情，
既不要依賴特殊方法，也不必考慮什麼後果。
因為每一個人，都必須腳踏實地，克盡自己的責任。
對於開悟的人來說：天是天，地是地，山是山，水是水，
而僧是僧，俗也是俗。

道不是不能說嗎？

道有不同的層次，
有可以言說的，也有難以言說的，還有不能言說的。
現代的高速公路，任何人一看，都知道道往哪裡去，
當然可以言說。
城市道路，對熟悉的人來說，有時都說不清楚，
何況是那些陌生的旅人？
雖然可以言說，卻實在難以言說。
到了鄉村，還有一些崎嶇的山路，
既沒有路名，也沒有指標，實在是不能言說啊！

怎麼辦呢？

平常心就好。
臨濟宗的祖師，是山東曹縣人，
俗姓邢，是一位無依道人。
他認為最珍貴的寶貝，在你的身上，那就是你自己，
一旦向外追求，就會失去，
但是向內尋覓，卻是多餘的。
因為你所尋覓的，不就是你自己？
並不是另有一個能夠讓你看見的對象。

我們在外面找不到自己，在裡面還是找不到自己，
所以他說：「無事是貴人，但莫造作，祇是平常。」

他有什麼具體的方法呢？

又來了！
具體就是抽象，抽象也是具體，有什麼分別？
人生有三個階段，
首先是：「見山是山，見水是水」，似乎很不長進。
第二階段：「見山不是山，見水不是水」，好像有了專業素養，高人一等。
最後一個階段還是：「見山是山，見水是水」，
因為他所見的，是具體和抽象合一的錦繡山河，叫做「再造的乾坤」，
和以前所看到的那個世界完全不同。

倘若看不出來，怎麼辦？

平常心，守時待命，
看得出來和看不出來，有什麼兩樣？
認為有的，自己要想一想，這叫平常心嗎？
認為沒有的，恐怕連平常心都丟失了。
臨濟祖師說：

「若人求佛，是人失佛；若人求道，是人失道；若人求祖，是人失祖。」
我們不妨再加上一句：「若人什麼都不求，就失去所有的東西。」

什麼叫「平常心」？

趙州古佛俗姓郝，是山東曹州人，自小出家。
後來到安徽池州拜南泉為師，南泉對他很是推許。
當趙州問南泉什麼是道時，南泉的答案便是：「平常心是道。」
趙州接著問：「有什麼方法可以達到？」
南泉說：「當你一有『要達到』的念頭，便有所偏差了。」
趙州又問：「如果封閉一切意念，我們又如何能見道呢？」
南泉說：「道不在於知和不知，也不是外在的是非觀念所能約束的。」

趙州悟出什麼呢？

有一天，趙州問南泉：「知『有』的人，究竟歸向何處？」
南泉回答：「他將下山到村莊中去做一頭水牛。」
趙州向南泉感謝啟迪之恩，
南泉又說：「昨夜三更月到窗。」

聽起來好像神經病患在對話？

太好了。
神經病患者，說話語無倫次，聽他作甚？
但是沒有神經病，而說得像個神經病患者，我們就要特別留神。
因為其中必有玄機，千萬不要輕忽放過。
有人問趙州：「如何是趙州？」
趙州這樣回答：「東門、西門、南門、北門。」
你覺得怎麼樣？

達摩的貢獻是什麼？

儒、道、釋三合一，使中華文化得以整全發展。
達摩以外來人的身分，透過旁觀者清的優勢，
用《易經》中變易、不易、交易所構成的持經達變，
也就是「以不變應萬變」的法則，
巧妙地點醒了炎黃子孫，把佛家融入中華文化。
也使得原本各持己見的儒、道兩家，悟出二合為一的神妙，
若能不再互相攻擊，實在是人類的萬幸！

為什麼說是人類的萬幸呢？

因為近四百年來，西方科技快速發展，

卻由於不明易理，因此走偏、迷失了方向，造成當前人類的困境。
唯一的出路，便是以易理指導科技。
用西方人的話來說，即是向東方的智慧尋求解藥。
易理救宇宙，人類當自救，此其時矣！

禪有幫助嗎？

有人問雲門：「誰是我自己？」
雲門說：「遊山玩水。」
任何人只要見到自性，
就會超脫那些由無知和貪婪的小我所造成的障礙與恐懼，
因此日日是好日，時時是好時，日夜都快樂。
開悟的人，做什麼都不會留下後遺症，
而這一點，是所有科學工作者最迫切需要的。

能不能說說寒山和拾得的故事？

寒山是一位傳奇性人物，七世紀時，在浙江天台上國清寺當隱士，
既不是和尚，也不是居士，他就是他自己。
拾得是寒山的知心好友，在國清寺當廚工。
每當飯後，寒山便進入廚房，吃那些剩菜剩飯，兩個人在一起談天說笑。
廟裡的和尚，以為他們兩個是大傻瓜，卻不知兩人都是詩人。

寒山的名言：「不怒就是持戒，心淨就是出家」，流傳迄今，令人玩味！

有沒有兩人的對話？

那太多了。

有一次，兩人同臨某山。

寒山說：

「吾觀此地，善人聚集，佇立聞法。

卻有人兩腿僵直，雙手冰冷。吾名寒山，看來此地才是真寒山。」

拾得說：

「有人冰冷，卻也有人法喜充滿，暖上心頭。

有冷有熱，此地非真寒山。真正寒山者，其地真寒，乃不寒而寒。」

寒山說：「是何地也？」

拾得說：

「有人虧心失義，膽顫心驚，不寒而慄。有人不孝無慈，下對上無孝敬，上對下無慈愛，才真正令人寒心徹骨，傷心欲絕。」

接下去呢？

拾得說：「天寒還會轉暖，心寒千年不化。」

寒山說：
「確是確是，外面的寒很快過去，冬去春又來。
人心的寒，才是不寒而寒，難以解脫。」
拾得說：
「道寶可破心寒，妙用無窮。
可惜知道的人很多，真正會用的人，實在少之又少。」
寒山說：
「無火而大放光明，可照自性。
不動如山，方見寒山心不寒，入寶山而不空返。」

四稱法行者
性淨之理
目之為法

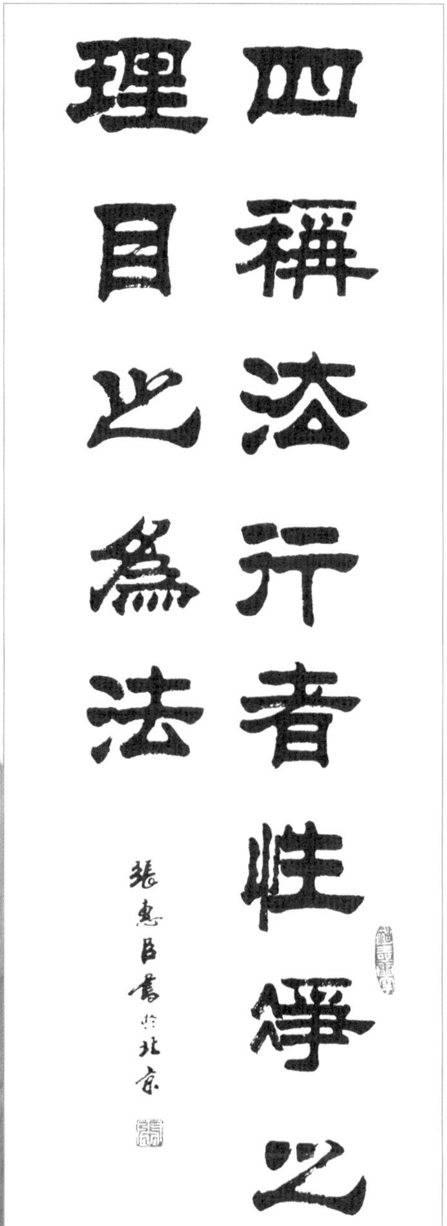
四稱法行者性淨之
理目之為法
張惠臣書於北京

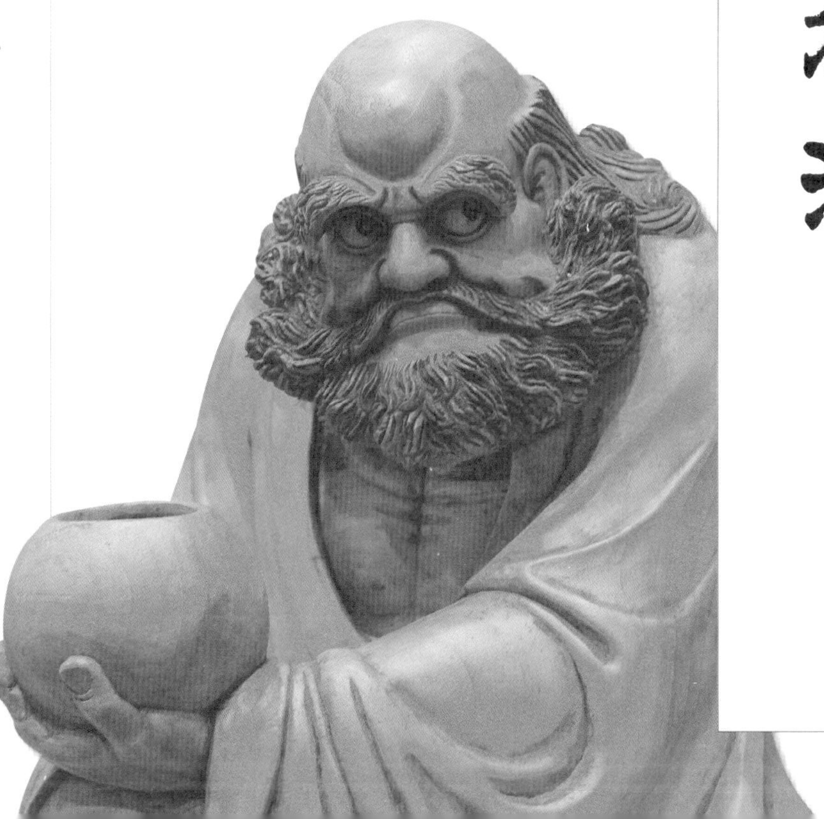

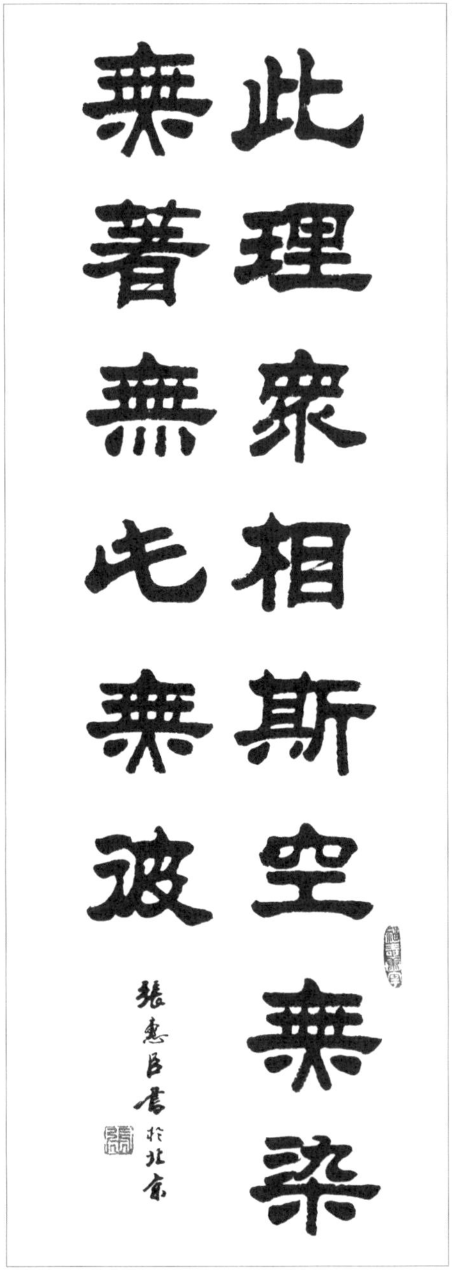
此理眾相斯空無染
無著無此無彼
張惠臣書於北京

此理眾相斯空
無染無著
無此無彼

經曰
法無眾生
離眾生垢故
法無有我
離我垢故

此為自行
復能利他
亦能莊嚴菩提之道

檀施既爾
於五亦然
為除妄想
修行六度
而無所行
是為稱法行

附錄

達摩祖師
大乘入道四行觀經文

夫入道多途，要而言之，不出二種：一是理入；二是行入。理入者，謂藉教悟宗，深信含生同一真性，但為客塵妄想所覆，不能顯了。若也捨妄歸真，凝住壁觀，無自無他，凡聖等一，堅住不移，更不隨於文教，此即與理冥符，無有分別，寂然無為，名為理入。

行入者，謂四行，其餘諸行，悉入此中。何等四耶？一、報冤行，二、隨緣行，三、無所求行，四、稱法行。

云何報冤行？謂修道行人，若受苦時，當自念言：我往昔無數劫中，棄本從末，流浪諸有，多起冤憎，違害無限。今雖無犯，是我宿殃惡業果熟，非天非人，所能見與，甘心忍受，都無冤訴。經云：逢苦不憂，何以故？識達故。此心生時，與理相應，體冤進道，故說言報冤行。

二、隨緣行者：眾生無我，並緣業所轉，苦樂齊受，皆從緣生。若得勝報榮譽等事，是我過去宿因所感，今方得之，緣盡還無，何喜之有？得失從緣，心無增減，喜風不動，冥順於道，是故說言隨緣行。

三、無所求行者：世人常迷，處處貪著，名之為求。智者悟真，理與俗反，安心無為，形隨運轉。萬有斯空，無所願樂，功德、黑暗，常相隨逐。三界久居，猶如火宅，有身皆苦，誰得而安？了達此處，故捨諸有，息想無求。經曰：「有求皆苦，無求即樂。」判知無求，真為道行，故言無所求行。

四、稱法行者：性淨之理，目之為法。此理眾相斯空，無染無著，無此無彼。經曰：「法無眾生，離眾生垢故；法無有我，離我垢故。」智者若能信解此理，應當稱法而行。法體無慳，於身命財，行檀捨施，心無吝惜。達解三空，不倚不著，但為去垢，稱化眾生而不取相，此為自行，復能利他，亦能莊嚴菩提之道。檀施既爾，餘五亦然。為除妄想，修行六度，而無所行，是為稱法行。

國家圖書館出版品預行編目(CIP)資料

達摩：禪的生活智慧
曾仕強 著；　陳祈廷 編著.
－－初版.－－臺北市：曾仕強文化，2016.05
面；　公分
ISBN 978-986-92140-4-9（平裝）
1.禪宗　2.達摩
226.65　　105005247

達摩：禪的生活智慧

作　　者　曾仕強
發 行 人　廖秀玲
編　　著　陳祈廷
總 編 輯　陳祈廷
發行企劃　李養信
行銷企劃　邱俊清
主　　編　林雅慧
編　　輯　李秉翰
出 版 者　曾仕強文化事業有限公司
地　　址　台北市中正區重慶南路一段57號8樓之14
服務專線　＋886-2-2361-1379　＋886-2-2312-0050
服務傳真　＋886-2-2375-2763
版　　次　2022年3月二刷
I S B N　978-986-92140-4-9
定　　價　新台幣700元

達摩

禪的生活智慧

達摩

禪的生活智慧

一日
易經
道德經
班
6小時 師父領進門教你
如何讀懂《易經》／《道德經》
向古聖先賢請益，
學會知機應變、與時俱進；
物我兩忘、生死合一的上乘智慧！
每月均有
新班開課
曾仕強文化
電話：02-23611379
02-23120050
傳真：02-23752763

影響華人世界
最重要的推手
曾仕強教授
解讀易經的奧祕
書籍洽詢專線
02-23611379、02-23120050
曾仕強文化
台灣國寶級大師曾仕強教授以獨步全球的易學解析觀點，幫助讀者輕鬆掌握《易經》簡易、變易、不易的原則，積極管理變化萬千的人生。

精選課程系列

「曾仕強文化」獨家設計開創的經典課程

《易經》其大無外，其小無內；廣大精微，無所不包，64卦384爻4096種變化，是解開宇宙人生的終極密碼。能打造出一個內建《易經》智慧的大腦，等於是和宇宙能量接軌，取之不盡，用之不竭，絕對是您今生最睿智的投資。

古人有言：富不學，富不長；窮不學，窮不盡。人不能不學習，既然要學，就要學最上乘的智慧，才不會浪費時間。曾仕強文化擁有最優秀的黃金師資陣容，課程深入淺出，一點就通。誠摯邀請您即刻啟動學習，一同進入「易想天開」的人生新境界！

決策易

《易經》一卦六爻，代表事情發展、變化的六個階段，可做為決策時的良好參考。不讀《易經》，難以培養抉擇力，這部千古奇書可謂「中國式決策學」的帝王經典。

生活易

《易經》帶給我們的不只是理論，更是一種思考方式的訓練。「生活易」教你如何輕鬆汲取易理智慧，開發多元思考方式，發揮創意解決問題，讓生活過得更簡易更有樂趣。

奇門易

奇門易在於瞭解事情的癥結點，進而佈局調理、擇時辨方。占卜及《易經》，能提供決策時的最佳參考指南；而「奇門易」，能告訴你做這個決策最有利的時機及方位，具有相輔相成的效果。

乾坤易

《易經・繫辭傳》說：「乾知大始，坤作成物。」告訴我們：「乾」代表開創的功能。腦袋裡有想法，對事情有看法，這是一件事情的開始；「坤」代表執行的功能。經過實踐的過程，把一件事情落實，而且看到了具體的結果。

經典傳承系列

歷史易經班

首創以《易經》64卦<大象傳>結合《史記》百位經典歷史人物進行精彩分享。運用易學獨到觀點，剖析成敗關鍵所在，重新賦予歷史妙趣橫生的新「易」義！

易經經文班

《易經》六十四卦、三百八十四爻，並非靜態呈現，而是彼此互動，有快有慢、時時變化。每一卦、每一爻，都是生命的入手處，想要深入瞭解，最好能從熟悉經文開始。

易經繫辭班

人生長於天地之間，必然受到天地之氣的影響。<繫辭傳>說：「有天道焉，有人道焉，有地道焉，兼三才而兩之」——所有中國哲學的思考，都沒能超出這個範圍。

老子道德經

「知人者智，自知者明；勝人者有力，自勝者強」。《道德經》短短五千餘字，談的都是人間行走的智慧。老子告訴我們：先把做人基礎打好，未來的人生道路就會比較易知易行。

孫子兵法

「善動敵者，形之，敵必從」；「善戰者，求之於勢」。「形」與「勢」，是作戰前必先考量的策略面。《孫子兵法》是中國最早的一部謀略兵書，能教你如何佈形造勢，領兵作戰。讓你知己知彼，百戰百勝！

中國式管理之父．台灣國寶級大師
兩岸三地狂銷500萬本《易經的奧祕》作者
曾仕強文化
粉絲專頁
facebook 搜尋 曾仕強文化
facebook
請以手機掃描上方QR CODE
可連結至學友專屬LINE帳號
既濟，亨，小者亨也。
剛中而應，故聚也。
六爻相雜，唯其時物也。
幾者，動之微，吉之先見者也。
上下无常，剛柔相易，不可為典要，唯變所適。
山下有澤，損，君子以懲忿窒欲。
曾仕強文化公司
・易經學習日記專欄・
請上FB曾仕強文化粉絲專頁，一同交流分享易經學習心得。